U0149344

華文現代詩三百家

陳 福 成 編著

《華文現代詩》五周年特刊

華文現代詩叢刊
文史哲出版社印行

國家圖書館出版品預行編目資料

華文現代詩三百家 / 陳福成編著. -- 增訂四版.
-- 臺北市：文史哲，民 112.06
　頁，　公分. --（華文現代詩叢刊；1）
ISBN 978-986-314-644-5（平裝）

813.1　　　　　　　　　　　　112010688

華文現代詩叢刊　1

華文現代詩三百家

編 著 者：陳　　　福　　　成
出 版 者：文　史　哲　出　版　社
　　　　　http://www.lapen.com.tw
　　　　　e-mail：lapen@ms74.hinet.net
登記證字號：行政院新聞局版臺業字五三三七號
發 行 人：彭　　　正　　　雄
發 行 所：文　史　哲　出　版　社
印 刷 者：文　史　哲　出　版　社
　　　　　臺北市羅斯福路一段七十二巷四號
　　　　　郵政劃撥：16180175　傳真 886-2-23965656
　　　　　電話 886-2-23511028　　　886-2-23941774

定價新臺幣四八○元

二○一九年（108）七　月　初　版
二○二三年（112）六月增訂四版

序：本書編輯體例與動機說明

《華文現代詩》自二〇一四年五月創刊號，到二〇一八年十一月第二十期，所發表各類現代詩作品約七百詩家（如本書各統計表）。而各類「現代詩」的範圍，可以說打破台灣地區有史以來，所有詩刊所能刊載的記錄，本刊的現代詩包含一般現代詩、童詩、青少年詩、台語詩、客語詩、原民語詩、盲胞與身障詩人詩作。另「散文詩」似現代詩，但也不能列入「正常」的現代詩，統計表僅列為本書附件。

很顯然的，編輯本書有些兩難，乃至三難四難。因為台灣地區往昔各詩社所編的詩選集，通常以「一般現代詩」為主，並未將童詩、青少年詩、少數民族各族詩、盲胞等各類詩，合編在一本詩選集中。

但筆者在研究編選過程，始終覺得「一個不能少」，每一種類詩創作都要納編選入，才合乎本刊《華文現代詩》創刊旨意，欠缺任一類都如同一首詩的重大缺失。因此，本書編輯區分四大類現代詩作品。

壹、《華文現代詩》創刊到第二十期
現代詩作品（A表）

這部分作品最多，詩人最眾，有近六百詩家，最多的作品是各期目次的「詩創作」輯。還有劉正偉主持的新詩絕句四行詩、海外華人詩、第三屆國立台北教育大學文學獎新詩作品、莫渝指導的聯合大學學生詩展；卓向文集稿、莫渝推薦的中國醫藥大學籠鳥詩社詩展，中山大學第二十六屆西子灣文學獎現代詩作品。

　　大學生作品在本書視同成人一般詩創作，向明特輯的早年小詩當然也是本書珍品，惟六百詩家也不可能全部入選，以刊載作品最多者為優先，創刊到二十期的詩人入刊統計詳見 A 表。

貳、《華文現代詩》創刊到第二十期童詩、青少年詩作品（B 表）

　　「童詩」概念很明確，指的是小學生的詩作，「青少年詩」是國、高中學生詩作。主要有㈠莊雲惠長期指導的「童詩花園」和「青春詩花開」；㈡曾尚尉老師指導的沙鹿國中學生詩展；第二、三屆「噴泉詩」佳作（陳建宏主持、曾尚尉短評）；㈢九龍塘官立小學詩作展（魏鵬展老師指導）；㈣永和國中學生詩作（翁繪棻老師指導）。

　　這個小小的現代詩「種子庫」，有賴莊雲惠、曾尚尉、陳建宏、魏鵬展、翁繪棻等老師指導經營，有近二百位小詩人們在本刊發表作品。相信這些孩子們，未來必會出現幾位現代李白、杜甫或李清照，詳參 B 表。

參、《華文現代詩》創刊到第二十期台客語詩（C 表）

　　在整個中華民族中，除漢民族外，其他尚有很多台灣閩南語族群，我們所俗稱的「台灣人」，是法律或政治語言，按人類學上的種族區分，並沒有「台灣族」。所以，我們俗稱的「台灣話」或「台語」，正式稱謂叫「閩南語」，用台語音調配合適當的中國字，所寫的現代詩，就權宜以「台語詩」名之，未來詩壇上是否有一定「定位」，非筆者所能逆料也！

　　本刊為彰顯住在這塊土地上的各族詩人，都能有一方「平等的舞台」，有寫台語詩、客語詩和原民詩的詩人，近百詩家在各期發表作品，詳參 C 表。

肆、《華文現代詩》創刊到第二十期盲胞、身障詩人作品（D表）

在台灣地區，我不知道有哪家詩社詩刊，為盲胞與各種身障詩人，設一「作品發展特區」？我印象中是沒有。本刊為所當為，並不專注於「天王大師級」詩人，我們也看到人間的弱勢者，他們克服身體上的艱難，勇於展現他們的作品，成為勇敢的詩人。

從創刊到二十期，在本刊發表詩作的勇者詩人，有十三家（如D表），全部入選本詩集，以示對弱勢詩友的鼓舞。

伍、本書編輯限制與困難

從創刊到第二十期，在本刊發表的各類作品詩人，總數八百多位詩人（見A表至D表），困於眾多因素（如經費），只能入選三百家，這是一個限制，也是選擇上的困難，只能從刊出較多者優先入選。

對一首詩的稱謂，通稱一首、一帖、一闋、一則等，但若「組詩」，可能出現數首至十多首詩，構成一組詩。在統計表上怎麼算？也是個難題，在本書範圍，以筆者「自由心證」，組詩各首情節有連續性則算一首，各首情節俱獨立性則算多首。

還有詩人以不同名字發表作品，也是統計上的難題，筆者不便查證。（若打電話去查證，可能被誤認為詐騙集團）如：万俟龜與万亓龜、吳錡亮和錡亮、廖亮羽和亮羽、洪楷威和洪楷崴、林詩蟬和詩蟬、高潤清和高潤青、黃碧清和碧清、何亞研和何亞妍、蘇茂誠和蘇茂程、張綺軒和綺軒、虞皓程和皓程、賴思方和思方、蕭芷溪和芷溪……凡此，同一人或不同？也只好由筆者自由心證來判斷，方便統計表製作。

陸、本書編輯動機，為《華文現代詩》五週年獻禮

《華文現代詩》自二○一四年五月創刊，到二○一九年五月滿五週年。大家共商慶祝方式，除了有筆者所著「點將錄」

　　九大本，舉辦「五週年詩獎」，似乎還缺一本「詩選集」，筆者乃再利用一些時間，整理這本《華文現代詩三百家》，希望能對五年來在本刊發表作品的詩人們，表達一絲感恩的回應。

　　數百位詩人提供作品在本刊發表，身為編委的九位詩人，也一致認為編一本詩選集，做為本刊所有作者的「成果展」是最好的回應。

　　《華文現代詩》創刊五週年以來，之所以能每期順利發刊，最要感謝出銀子的人，沒有足夠的銀子啥都別提，那九本點將錄和這本三百家詩選都不會誕生。創刊至今，所有這些花掉的錢，超過一百多萬，錢從何處來？不會從天上掉下來，雖有捐款或贊助，其實零頭也不夠！筆者向來以時代「史官」自居，有些話必須直說，誠實說，公諸天下！讓大家知道！

　　如此無怨無悔，為《華文現代詩》出錢出力，又定期辦餐會，九大本點將錄和這本詩選集的出版印刷，廣贈各界，嘉惠文壇詩界。這位「功德主」是誰？他就是文史哲出版社的老闆彭正雄先生。他雖任《華文現代詩》發行人，實際上是編務和行政大總管，經費的最大支持者。

　　彭正雄先生一輩子可以說，完全在為中華文化、中國的文史哲打拼奉獻。在我所著《舉起文化使命的火把 ── 彭正雄出版及交流一甲子》一書，記錄了他所有為兩岸文壇詩界做出的貢獻。他是兩岸文化界之光，筆者以有這樣的朋友為榮！

　　本書編輯為供教學與研究參考用。

柒、增訂版增加《華文現代詩》21 期至 24 期休刊止。增訂：①《華文現代詩》21 到 24 期現代詩創作統計表、②少數民族語詩統計表、③童詩、青少年詩統計表。

　　《華文現代詩》社員、台北公館蟾蜍山萬盛草堂主人
　　陳福成　誌於二○二三年六月

華文現代詩三百家

目　次

第一篇《華文現代詩》創刊到第二十期現代詩創作概況與詩家作品

《華文現代詩》創刊到第二十期詩家作品統計說明

按《華文現代詩》創刊到第二十期現代詩創作統計表（A表），總共有五百九十八位詩人曾經在這個園地，發表過他們的詩作，從只出現在某期一次，到連續多期都有作品刊出的勤奮詩人。以下分四類略述。

壹、全勤與勤奮詩人

「全勤詩人」是從創刊號到第二十期，每期都有作品發表，從未中斷者，有：劉正偉、黃漢龍、子青、林勐頡、吳昌崙。共五詩家。

「勤奮詩人」，設定在創刊到二十期中，有十三期以上發表他的作品，有：鄭雅文、林錫嘉、許其正、曾美霞、莫渝、陳寧貴、陳福成、麥穗、落蒂、徐世澤、小荷、采言、台客、高潤清、曾尚尉、狼跋、方群、流光、劉迅、黃碧清、丹萱、

趙孜衛、游鍪良、涂靜怡、胡爾泰、優子、林明理、楊鴻銘、
齡樺。共二十九詩家。

貳、多產與未忘初心詩人

若能在二十期詩刊中，有十期上下（設為七到十二期有機
會刊出作品，也算「多產詩人」或「不忘初心詩人」。有：向
明、謝輝煌、靈歌、陳文銓、墨雨、昨夜微霜、葉雨南、安雅、
魯蛟、閑芷、許水富、暮云、陽荷、陳維、莊源鎮、周青樺、
孤鴻、艾琳娜、徐如林、洪躍通、蔡澤民、思方、林秀蓉、蘭
觀生、周潤鑫、瑀璇、劉曼紅、劉旭鈞、麥清、黃以諾、陳威
宏、曾美玲、黃關、慧行曄、劉金雄、李立柏、曾耀德、秀琮、
蔡雲雀、秋雨、葉怡成、張威龍、黃桂蘭、林柏維、顏曉曉、
林念慈、胡淑娟、共四十七詩家。

參、播種與賞玩詩人

這部份詩人的作品刊出率不算多，平均約三分之一，在創
刊到十九期中，約四到六期有作品刊出。但相信這些詩人已在
「詩田」中播了種子，未來都有機會成一代大詩家。當然，他
們也可能把詩看成一種賞玩，他們已慢慢感受到詩的美味，有：
彭正雄、葉日松、万俟龜、劉祖榮、官愛、楊采菲、賴思方、
龍妍、莫雲飛、綠茵、陳子敏、若文、金筑、魏鵬展、季閒、
盛中波、吳錡亮、潘峰進、成碧、蔡富禮、心華、曾大龍、劉
曉頤、明白、陳興仁、徐享捷、知秋、楊穎鋒、鄧榮坤、張綺

軒、胡子欣、李恩典、湛藍琴海、寒林、紀州人、林宗翰、浪花、洪錦坤、項美靜、白荷、魯爾德、和權、蔡彤緯、林幸惠、林宇軒、許偉哲、陳玉慈、劉枝蓮、高塔、吳添楷、古湘、蔡振念、周伯乃、寒將、丁口、呂振嘉、洪郁芬、邱各容、蕭芷溪、成孝華、林義正、楊佳蓉、邱逸華、漫漁、李宗舜、王俐媛、蔡真、林錦成、謝振宗。共六十九詩家。

肆、名家經典詩作

　　《華文現代詩》從創刊到二十期，也有不少著名詩人的作品刊出，但他們的刊載量極少，絕大多數只限在一或兩期，當然就是名家「物以稀為貴」。這些名家作品雖極稀少，但能在本刊發表實在是一種光彩，將這些名家經典詩作選入，讓這本選集增加很多重量。

　　這些名家包含向明先生在十八期的特輯，〈永遠是珍品的早年台灣小詩〉，詩人有：羊令野、羅門、林泠、鄭愁予、張健、朵思、陳秀喜、羅英、利玉芳、方旗、喬林、辛牧、管管、馮青、彩羽、席慕蓉、杜十三、拾虹、楚戈、葉珊。

　　向明特輯在十九期還有：游喚、李魁賢、苦苓、商略、尹玲、楊維晨、陳義芝、白靈、隱地、林彧、葉紅、李政乃、羅葉、林燿德、劉季陵、侯吉諒、西西、簡政珍、羅任玲、徐雁影。

　　另外在 A 表中尚有稿量極少的珍品，這些名家有：向明、蕭蕭、渡也、雨弦、范揚松、龔華、碧果、張默、一信、俊歌、

紅袖藏雲、文林、栞川。以上共五十三詩家。合計 A 表共選入二百零三位詩家作品。

特須一說，筆者與詩壇交誼極少，只能以「孤弱寡聞」形容，故本文所謂「名家」只是筆者寡聞中略知，相信 A 表中有很多是各地名家。

《華文現代詩》創刊到二十期現代詩創作統計表(A)

編號	詩人	創	2	3	4	5	6	7	8	9	10	11	12	13	14	15	16	17	18	19	20	計
1	鄭雅文	1		1	3	1	1	1	1	1	1	1		1	2			1	1	1	3	20
2	林錫嘉		2	2		2		2		10	1		7	5	5	5	5	5	5	5	5	67
3	許其正	1			4	1			3		3	4	2	5	2	9	1	1	5	1		42
4	曾美霞		1	2	2	1	1		1	1	1	1	3	1		2	1	1	2	1	1	23
5	莫　渝		1			6			1	3	3	1	4	5	6	1	1	7	10	6	6	61
6	陳寧貴	1	1	1	1	1		1		1	1	1	2	1	2	1	2	1	1	4	3	26
7	劉正偉	1	2	1	3	3	1	2	2	1	2	3	3	3	3	1	4	2	3	3	2	45
8	陳福成	1	2	2	2	8	4	10	33	2			4	4	4	2	5	2	1	5	1	57
9	彭正雄								1				2						1	3	3	10
10	向　明	2		1		6		2	1		2		1	2		1				2		22
11	林煥彰	4	2		1	10																17
12	蕭　蕭	1				3											2					6
13	渡　也	1																				1
14	麥　穗	1	1		1		2		2	7		1	1	1	2	1	2	1	1	1	2	27
15	王姿涵																		1	2		3
16	葉日松	1				1	2	3		1												8
17	落　蒂	2	2		2	1	1	2		1	1	2	2	2	2	2	1	4	2		2	31
18	雨　弦	1				2																3
19	謝輝煌	2	2	3	6	1				3				3		3	2					25
20	徐世澤	1		3	3	4	3	2	2	2	1	2		2	2	2	3	2	2	1		37
21	范揚松	1	1																			2
22	墨　韻	1		2																		3

（表頭分欄：「期」「別」，各期欄為 創、2、3、4、5、6、7、8、9、10、11、12、13、14、15、16、17、18、19、20、計）

編號	詩人	期												別								計
		創	2	3	4	5	6	7	8	9	10	11	12	13	14	15	16	17	18	19	20	
23	靈歌	2	1	9	4	2	2	2	1		2	3											28
24	黃漢龍	1	1	1	1	1	1	1	1	1	1	1	1	1	1	1	1	1	1	1	1		20
25	龔華	1	1																				2
26	呂建春	1																					1
27	蔣闊宇	1																					1
28	趙士祥	1																					1
29	張芳慈	2					1	2															5
30	葉莎	2	1		2	2	2					1											10
31	陳文銓	2	2	2		2	2	2	1		1												14
32	謝孟宗	1	1																				2
33	臨風觀海	2																					2
34	墨雨	1		1	1		1		1				3	1		1	1	3	3	1	1		19
35	小荷	2	2		2	2	2	2		2	2	1	1	2	1	1	1	1	4	3	3		34
36	昨夜微霜	1	1		1				3			1	2	1	1	1							12
37	子青	2	2	2	2	2	2	2	2	2	2	2	2	1	4	2	2	5	3	2	2		45
38	畏吾	1																					1
39	万俟龜	2	1			1	2	1	1														8
40	崎雲	1		1																			2
41	陳胤	1	1	2																			4
42	劉祖榮	4			3	1	2																10
43	官愛	1	1	2		1		1	1								1						8
44	林劻頡	2	2	2	5	6	5	5	5	4	3	4	5	5	5	5	4	5	5	4	4		85
45	吳昌崙	2	1	2	2	2	2	2	2	2	2	2	2	2	2	2	2	2	2	2	2		38

編號	詩人	創	2	3	4	5	6	7	8	9	10	11	12	13	14	15	16	17	18	19	20	計
46	劉　雲	1																				1
47	蔡永義	1				1								1								3
48	葉雨南	1	1	1	3	2	2	2														12
49	嵐月風	1																				1
50	楊采菲	1	2	2	7	1					3											16
51	夏水道	1																				1
52	安　雅	1	1	1	1	1										1	1					7
53	采　言	1	1	2	2	1	1	1	1		1	1	1		1		2		2	3	2	23
54	尹宗國	1																				1
55	台　客	1	1	1	1		1			1	5	4	2	1	2	5		1	2	2	2	35
56	林詩蟬	1		2		2																5
57	碧　果		1											1							1	3
58	魯　蛟		1		1		1			2			2	1		1				1	1	11
59	離畢華		1				1															2
60	王晴雯		2																			2
61	莊雲惠		1			1																2
62	晴　心		1																			1
63	曾毓桂		1																			1
64	林妙昇		2				1														2	5
65	胡紹平		1		2																	3
66	廖亮羽		2		3	1																6
67	大　來		1	1	1																	3
68	邱一帆		1																			1

編號	詩人	期													別							計
		創	2	3	4	5	6	7	8	9	10	11	12	13	14	15	16	17	18	19	20	
69	姜　了		3	1																		4
70	高潤青		2	1	1		2	2	2	4	3	1	1		2	2		2	2	2		29
71	謝宗翰																			2	3	5
72	龍　妍		2	2	2	2																8
73	任緒成		3																			3
74	曾尚尉		2	1	5	3	3	3	2	2	2	2	2	2	2				1			32
75	岑文勁		2			1																3
76	莫雲飛		1			2	1				2											6
77	綠　茵		2			1	1				1											5
78	古月月		2																			2
79	曾廣健		2			1																3
80	狼　跋	1	2	2	1	1	1	1	2	1	6	2	2	2	2	2	2	2	1	2		35
81	閑　芷	1	1	3	3	2	1	2			2		1		1							17
82	杜爽言	1																				1
83	柳青青		2																			2
84	陳子敏		3		5	2				2												12
85	邱渼桃		1	1																		2
86	若　文		2	2	2	2	2	2														12
87	蘇沛宜		2																			2
88	蔡文宏	1						1														2
89	張　默			1																		1
90	一　信			2			2															4
91	許水富			2	1		2								2	2	1	2	2	1	1	16

編號	詩人	期別																				計
		創	2	3	4	5	6	7	8	9	10	11	12	13	14	15	16	17	18	19	20	
92	千　朔		2		1																		3
93	方　群		3	1	1	1	1		4	1	3	2	1	1	1	2	4	2	2	1		31
94	暮　云		2	1	2		2	1	2			2		2	2	1	1			1		19
95	流　光		2	2	2	2		1	2	1	1	2	2			1	1	4				23
96	劉　迅		2	1	2	1	1	4	2	2	1	2	2	1	1	3	2	2	7			36
97	金　筑		1		2	2														2	1	8
98	鍾林英		1																			1
99	陽　荷			1	3	1		5	2	2			2	2	5	2	2			1		28
100	魏鵬展		2	1	3	1	1															8
101	季　閒		5	1		2		2														10
102	黃碧清		1	2	3	4	3	4	4	4	4	4	4	2	4	2	2	1	1			51
103	陳　維		1	3	5	3	3	4	2	2												23
104	阿張蘭石		1																			1
105	盛中波		1	1			1	1												1		5
106	吳錡亮		1	2	5		1													1	1	11
107	可　嵐		1																			1
108	莊源鎮		1	2	2	3		1	2			2										13
109	青　雲		2																			2
110	林興華		1																			1
111	丹　娜		2																			2
112	周青樺		1	1		1	1			2			1				1	1				9
113	潘峰進		1		1	1	2	2	8													15
114	紫　瑩		2				1															3

編號	詩人	期														別							計
		創	2	3	4	5	6	7	8	9	10	11	12	13	14	15	16	17	18	19	20	
115	丹　萱			2			1	1	1	1	1	1	1	1	1				1	1	1		15
116	東北浩			2	1																		3
117	成　碧			3	4	1		1		1													10
118	易烈瑜				1																		1
119	趙孜衛			2	1	1	2	1	1	1	1	2	1	2	1	1	1	1	1	1	1	1	22
120	林　彧				2																1		3
121	秀　實				2	3																	5
122	蔡富澧				1	1	1		1														4
123	楊　平				3										1								4
124	薆　朵				1																		1
125	陳予慧				1		2																3
126	紫　鵑				1																		1
127	林瑞麟				3		2																5
128	吳恩宇				1		2																3
129	吳東晟				1		2																3
130	謝言欣				1																		1
131	游鍫良				3	3	2	2	2	1	1		1	2		1	1	1	1	1	1		23
132	若　蝶				1										2		1						4
133	藍閔釋				2																		2
134	胡玟雯				1																		1
135	白　亞				1																		1
136	江依萍				1																		1
137	王興寶				1	3		1															5

編號	詩人	期																				別
		創	2	3	4	5	6	7	8	9	10	11	12	13	14	15	16	17	18	19	20	計
138	心　華				2		2	1					4										5
139	何絮風				1																		1
140	Sara Huang				2																		2
141	曾大龍				2		2		1	1	2		1										9
142	陳家和				1																		1
143	劉曉頤				4	2	3	1	1								1						12
144	王　婷				1		2	2															5
145	Spark				3																		3
146	雲天寶				1																		1
147	羅　門				1													1					2
148	管　管				1																		1
149	白　靈				1															1			2
150	李進文				1																		1
151	李勤岸				1																		1
152	季　季				1																		1
153	曾郁雯				1																		1
154	梁修身				1																		1
155	謝鵬雄				1																		1
156	張耀仁				1																		1
157	林世偉				2																		2
158	張捷明				1																		1
159	辛　牧				2																		2
160	涂靜怡				1	1	2	1	1	1	1	1	1	1	1		1	3	1	1	1	1	19

編號	詩人	期														別						計
		創	2	3	4	5	6	7	8	9	10	11	12	13	14	15	16	17	18	19	20	
161	陳　煌				1							1	2									4
162	王妍丁				2				1													3
163	胡爾泰				1	1	2	1	1	1		2	2	1	4	1	1			2	1	21
164	涂沛宗				2																	2
165	孤　鴻				2	4	2	1	3	2	2	1							1	1	1	18
166	艾琳娜				1	4	2	1	4	3				2		2			3			22
167	徐如林				2	5	5		3	2	1	2	3									23
168	万亓龜				1																	1
169	謝桂文				1																	1
170	陳　少				1			2														3
171	邢　悅				1																	1
172	廖佳敏				1																	1
173	雨　諄				1																	1
174	黃卓權				1					1												2
175	郭　珩				1																	1
176	王素峰				1	1				1												3
177	徐嘉玲				1																	1
178	洪躍通				2	2	1	1		2				9	9	2			2			30
179	明　白				1	2	2	1														6
180	黃紹玲				3																	3
181	沒　之				2			1														3
182	熒　惑				1																	1
183	蔡澤民				2	3	2		6	4			2	4	2							25

編號	詩人	期別																				計
		創	2	3	4	5	6	7	8	9	10	11	12	13	14	15	16	17	18	19	20	
184	陳興仁				2	1	1		2					2								8
185	馬 雅				2																	2
186	林慶鴻				1																	1
187	陳建男				1																	1
188	悠 悠				3																	3
189	毛學鋒				1																	1
190	優 子				1	2	2	2	2	2	2	2	2	2	2	2	2	2				27
191	傅 予				3																	3
192	思 方				1	4	5	3	1		2			2								18
193	林秀蓉				2	3	3	2	1	1		1	1	1	1	2	2					20
194	飛 ○				2																	2
195	陳孝欣				3																	3
196	台 平				3																	3
197	謝錦綉				1																	1
198	蘭觀生				1		1	2	2	2	1	2		2			1			4	3	21
199	海棠依舊				1																	1
200	林明理				2	2	1	1	3	2	2	2	2	1	4	2	2	2	2	1		31
201	楊才本				1																	1
202	徐享捷				1	9			1	1												12
203	江漢森				1																	1
204	楊鴻銘				1	1	1	2	2	1	1	1	1	1	2	2	1	1	1	1		20
205	知 秋				2	3	2								2							9
206	周潤鑫				2		2	1				1		1	1	1						9

編號	詩 人	期																			別	計
		創	2	3	4	5	6	7	8	9	10	11	12	13	14	15	16	17	18	19	20	計
207	簡　愛					4																4
208	瑀　璇					1	1	2	3	3	2	2		1								15
209	莊華堂					1																1
210	陳偉哲					1	1		2													4
211	鄭琮墿					1	1		1													3
212	環西路					2																2
213	雙連坡					2																2
214	莫一波					1																1
215	凌志豪					1			1													2
216	陳　靜					2																2
217	劉曼紅					1		1		1	1	1		1					1	1		8
218	雲　翔					2																2
219	芝　楓					1	1				1											3
220	黃增健					1	1															2
221	翁書璿					1																1
222	齡　槿					1	2			2	2	2	3	2	2	2	2	2	2	2	2	28
223	魯道夫					1																1
224	譚　梅					1			3													4
225	張　靜						2	1														3
226	Moichou						1															1
227	言心鳥						2															2
228	溫　華						2															2
229	董克勤						5											1				6

編號	詩人	期																			別	計
		創	2	3	4	5	6	7	8	9	10	11	12	13	14	15	16	17	18	19	20	
230	戴仁毅						1															1
231	吳　鈞						5	5														10
232	劉旭鈞						1	1	2	1	1	1	1	1	1							10
233	麥　清							2		1	1	3	2	3			2	1				15
234	郭逸軒						1															1
235	林明樹						1															1
236	李春美						3															3
237	二　馬						2		2													4
238	茨　艺						1															1
239	蕭玲心						1															1
240	文　能						1															1
241	米　亞						2					1										3
242	寧靜海						1															1
243	宋瑋倫						1															1
244	楊穎鋒						1									2		1	1			5
245	鄭偉謙						1															1
246	胡榮基						1															1
247	蔣雪峰						1															1
248	鄧榮坤						1	1		1							1					4
249	莫雲翔						1															1
250	張綺軒							1	2		1		2									6
251	胡子欣						2	1	1		1											5
252	周忍星						1						1									2

編號	詩人	期														別						計
		創	2	3	4	5	6	7	8	9	10	11	12	13	14	15	16	17	18	19	20	
253	鈿						1															1
254	俊 歌						1															1
255	陳宇涵						2															2
256	李明憲						2															2
257	呂長洲						2															2
258	陳 晨						2															2
259	張珮玟						2															2
260	水財亮							2														2
261	尹 凡							2	1					1								4
262	迦納三味							2														2
263	胡 同							2														2
264	易安雲							2														3
265	黃以諾							2	2	3		1	3	2						3		16
266	王 勇							3			1											4
267	劉 義							6														6
268	陳威宏							1	1	1		1	1	1		1		1		1		9
269	吳緯閔							2	4													6
270	鄒政翰							1														1
271	曾美玲							2	3	2	1		2	2	2							14
272	林 茵							2	2		1											5
273	劉小菲							1														1
274	藍 朗							1														1
275	珊 瑚							1														1

編號	詩人	期							別													計
		創	2	3	4	5	6	7	8	9	10	11	12	13	14	15	16	17	18	19	20	
276	林烔勛							1														1
277	李恩典							2	3			1		1								7
278	黃　關							6	2	1	3	5	1	3	4	1						26
279	林哲平							2														2
280	恆　晨							1														1
281	吳宗良							2														2
282	一代人							1								2						3
283	恆　晨							7														7
284	蔡克霖								2													2
285	長　篙								2													2
286	殷建波								2		2			2								6
287	慧行曄								3	2		3	1	4				1	2			16
288	陳思宏								1													1
289	劉金雄								2		1	1		1	2	1	1		1	1	2	13
290	陸之駿								1													1
291	孟寄秋								1													1
292	吳東晟								1													1
293	祁十木								1													1
294	雲海無岸								7													7
295	李立柏								1				1		1		1	1	1	1	1	8
296	暄　振								4													4
297	湛藍琴海								3	2	1	1		2	1							10
298	上官蘭蘭								1													1

編號	詩人	期							別													計
		創	2	3	4	5	6	7	8	9	10	11	12	13	14	15	16	17	18	19	20	計
299	盛中義								2													2
300	黃漢冠								6									2				8
301	曾耀德								5	1	1	2	2	3	3	2	1	1	2	2	1	26
302	洪心翡								1													1
303	李俊賢								1													1
304	楊秉欽								1													1
305	寒　林								1	1	1						1					4
306	紀州人								7	4	2									7	2	22
307	潛水妹								1								1					2
308	迪　迪								2													2
309	藍羽希								1													1
310	古能豪								1	1	1											3
311	柯祖皓								1													1
312	楊錦秋								1													1
313	賴冠樺								1													1
314	粘祐瑄								1													1
315	林　芸								1													1
316	潘柏霖								1													1
317	楊敏夷								1													1
318	楊創雲								1													1
319	陳進貴								1													1
320	徐德林									1												1
321	林宗翰									2	2		1	1								6

編號	詩人	期										別										計
		創	2	3	4	5	6	7	8	9	10	11	12	13	14	15	16	17	18	19	20	計
322	陳贊吉									1												1
323	又　子									2	3			4								9
324	黃俊穎									1												1
325	離恨天									1												1
326	蔡知臻									1	2			2								5
327	秀　琮									1	1		2	2	2	1	2	3	2	1		17
328	劉麗芳									2	2					1						5
329	渡　家									4	2											6
330	劉　雄									2												2
331	蔡雲雀									3		2	1		1	1	1	1	3			13
332	浪　花																1	1	1	1		5
333	風　雅									5												5
334	秋　雨									1	1	2	1	2	1	2	1	1		2		14
335	Witch Vera									1												1
336	楊念塵									1												1
337	洪錦坤									2		1	2		3			2		5	2	17
338	葉怡成									2	4		2	3		3	1		3		1	19
339	楊淇竹									2												2
340	周　南									2												2
341	紅袖藏雲									2	2	4										8
342	項美靜									4	2	7	2	2				4				21
343	亦　漠									1												1
344	林清陽									1												1

編號	詩人	期別 創	2	3	4	5	6	7	8	9	10	11	12	13	14	15	16	17	18	19	20	計
345	白　荷									1		1			1			1				4
346	魯爾德									1		1	1		2	1						6
347	曾龍發									1												1
348	魏振恩									4												4
349	文　林									1												1
350	譚世賢									2	2				1							5
351	張威龍									2	1	1		2		3	4	2				15
352	和　權									7			4	1	2							14
353	劉一氓									2												2
354	野　風									3												3
355	蘇榮超									3												3
356	江明樹										1											1
357	房子欣										1											1
358	蔡豐全										2											2
359	林　廣										1	1										2
360	周碧華										3											3
361	謝　馨										1											1
362	懷　鷹										1											1
363	謝美智										1					2						3
364	畢仙蓉										1											1
365	孤　鈺										1											1
366	古昊鑫										4											4
367	翁月鳳										2											2

編號	詩人	期									別											計
		創	2	3	4	5	6	7	8	9	10	11	12	13	14	15	16	17	18	19	20	
368	本　中										1											1
369	葉婉君										1					1						2
370	陳去非										1		2									3
371	陳春玉										1											1
372	張遠謀										1									2		3
373	蔡彤緯										1		1		1	1		1	1	1		7
374	黃桂蘭										1		2	2	2	2	3	2				14
375	蔡宜勳										2											2
376	譚鈴音										1											1
377	李淑瑛										2											2
378	劉庭豪										1											1
379	林幸惠										1	1		1								3
380	林宇軒										1	2	1		1							5
381	人力車伕										1											1
382	卡　夫										2											2
383	一　樂										3											3
384	李拉拉										1											1
385	林　儀										1											1
386	王譽達										1											1
387	周駿安										1											1
388	卓向文										2											2
389	陳柏禎										2											2
390	鄭宇同										1											1

編號	詩人	創	2	3	4	5	6	7	8	9	10	11	12	13	14	15	16	17	18	19	20	計
391	蘇禹安										1											1
392	譚心										1											1
393	陶陶											1										1
394	廖梓祺											1										1
395	許偉哲											3			1	1	1	2	1	2		11
396	王芳											1										1
397	陳玉慈											2	2	1		2						7
398	羅明清											4										4
399	胡淑娟		2				1	2	2			1					2	1	4	1	2	18
400	賴思方											2	2	1	4							9
401	劉枝蓮											1	1	1				1				4
402	徐頌贊											2										2
403	高塔											1			2	1	1					5
404	一味愚											2										2
405	胡平											2										2
406	林易如											2										2
407	九月											2				2	2					6
408	吳添楷											1	1	1	2		2					7
409	古湘											3	1	2	2							8
410	葉春暉											1										1
411	黃木擇											1							1	1	1	4
412	Qorqios											1				2						3
413	吳讚鈞											1										1

編號	詩人	期											別									計
		創	2	3	4	5	6	7	8	9	10	11	12	13	14	15	16	17	18	19	20	
414	李鄏伊											1										1
415	Lisa Liu											1										1
416	蔡振念												2	1	1	1	1	1				7
417	周伯乃												1		1		4		1			7
418	小　影												2									2
419	雅　子												1									1
420	游常山												1		1							2
421	吾　羽												1			1						2
422	趙良田												1									1
423	李蘭芳												2									2
424	怡　嫻												1		2	1						4
425	夢　陽												1						1	2	1	5
426	李展平												3									3
427	慕　白												1									1
428	江　昀												1									1
429	莫　野												1									1
430	蔡安晴												1									1
431	寒　將												1	1	3		3	2				10
432	皇　觀												2		2							4
433	王曉波												2									2
434	周華瑞													1								1
435	林柏維													1	4	4	4	4	4	4	4	29
436	林忠成													2								2

編號	詩人	期別																				計
		創	2	3	4	5	6	7	8	9	10	11	12	13	14	15	16	17	18	19	20	
437	林　澄													1								1
438	丁　口													3	2	2		4		3	3	17
439	鍾仁安													2								2
440	林念慈													3	1	1	2	1	1	1	2	12
441	顏曉曉													1	3	4	4	3	3	2	2	22
442	康詠琪													2								2
443	林淑芬													1								1
444	陳　毅													1								1
445	顧德莎													1								1
446	吳麗玲													2								2
447	冬　雪													3			1		1			5
448	呂振嘉													1	1			1		1	1	5
449	王建宇													1								1
450	盧天誠													1								1
451	林藝君													1								1
452	邱致鈞													1								1
453	潘靖穎													1								1
454	路　尹													2								2
455	洪郁芬													1	5			2	2			10
456	程志森														2		1	1			1	5
457	邱各容														1	3	3	1	5		2	15
458	蔡曉芳														2							2
459	李佩琳														1							1

編號	詩 人	期													別							計
		創	2	3	4	5	6	7	8	9	10	11	12	13	14	15	16	17	18	19	20	
460	吳亞豈														3							3
461	蕭芷溪														1		2		1	2		6
462	成孝華														3	4	2	4	8	4	4	29
463	李 玥														2							2
464	林義正														4	11	8	9	13	18	14	77
465	劉毓文														1							1
466	袁正翰														2	2		1				5
467	王樂群														2							2
468	葉 桑														1							1
469	楊佳蓉															2	2	2		2	2	10
470	邱逸華															1	2	1	2		5	11
471	漫 漁															1	4	1	2			8
472	月色江河															2						2
473	吳建樑															2						2
474	余崇生															2				1		3
475	鮑鏡竹															2						2
476	古雨諾															3						3
477	娸 嫚															3						3
478	黃仕宇															1	1					2
479	李宗舜															2	1	2	1			6
480	明 靜															3						3
481	王俐媛															1	2	4	1	2		10
482	黃安祖															1						1

編號	詩　人	期														別					計
		創	2	3	4	5	6	7	8	9	10	11	12	13	14	15	16	17	18	19	20	
483	王文玲															1						1
484	蔡　真															2		1	2	2		7
485	黃珠廉															2						2
486	巧　妙															2						2
487	林錦成															2	4	2		4		12
488	林琦萱																1					1
489	謝子恬																1		1			2
490	謝振宗																1	2	2	2		7
491	朱名慧																1	1				2
492	柯翠盈																1					1
493	林家淇																4	4		3	1	12
494	雷　寧																2					2
495	樵　客																7					7
496	張玟綾																2					2
497	黃琪詠																2					2
498	蔡家棟																2					2
499	齊世楠																1			1		2
500	楊萱薷																2					2
501	栞　川																	1	2	2	1	6
502	謝　情																	1			1	2
503	汪心瑜																	1				1
504	紀海珍																	1				1
505	廖翌妊																	1				1

編號	詩　人	期																別				計
		創	2	3	4	5	6	7	8	9	10	11	12	13	14	15	16	17	18	19	20	計
506	蔡榮勇																	1				1
507	思　岩																	1	1		2	4
508	至　卿																	2				2
509	翁凱莉																	1	1	1		3
510	張元任																	1				1
511	王紅林																	2				2
512	林佳穎																	1	1			2
513	許丞毅																	1	1		1	3
514	思　語																	1	1	1		3
515	冷霜緋																	3	2	4	1	10
516	胡剛剛																	1				1
517	吳仲文																	2	4	3	1	10
518	黃建源																	1	1			2
519	林振任																	1				1
520	黃正新																	2				2
521	蔡鐵橋																	1				1
522	鄭竹君																	2				2
523	陳維妮																	2				2
524	蔡家宇																	3				3
525	陳旭琥																	3	3			6
526	羊令野																	1				1
527	林　泠																	1				1
528	鄭愁予																	1				1

編號	詩　人	期																		別			計
		創	2	3	4	5	6	7	8	9	10	11	12	13	14	15	16	17	18	19	20	計
529	張　健																			1			1
530	朵　思																			1			1
531	陳秀喜																			1			1
532	羅　英																			1			1
533	利玉芳																			1		1	2
534	方　旗																			1			1
535	喬　林																			1		1	2
536	辛　牧																			1			1
537	管　管																			1			1
538	馮　青																			1			1
539	彩　羽																			1			1
540	席慕蓉																			1			1
541	杜十三																			1			1
542	拾　虹																			1			1
543	楚　戈																			1			1
544	葉　珊																			1			1
545	徐玉香																				3	3	6
546	黃士洲																			1	3	3	7
547	魯　蛇																			1			1
548	果　觀																			2			2
549	西園郎																			2	1		3
550	溫存凱																			3	3	3	9
551	季　珠																				3	2	5

編號	詩　人	期																	別				計
		創	2	3	4	5	6	7	8	9	10	11	12	13	14	15	16	17	18	19	20	
552	如　果																			4			4
553	吳菀菱																			1		5	6
554	魏廷霖																			1			1
555	袁丞修																			2		1	3
556	廖雪玲																			1			1
557	夏慕尼																			1	1	2	4
558	王姿涵																			2	2	1	5
559	若小曼																			2	2		4
560	高　原																			2			2
561	阿　維																			2			2
562	無　花																			2			2
563	無　影																			2			2
564	趙翠英																			1	1	1	3
565	葉欣榮																			1	1	1	3
566	吳姵萱																			2			2
567	游　喚																				1		1
568	李魁賢																				1		1
569	苦　苓																				1	1	2
570	商　略																				1		1
571	尹　玲																				1		1
572	楊維晨																				1		1
573	陳義芝																				1		1
574	隱　地																				1		1

編號	詩人	創	2	3	4	5	6	7	8	9	10	11	12	13	14	15	16	17	18	19	20	計
575	葉　紅																			1		1
576	李政乃																			1		1
577	羅　葉																			1		1
578	林燿德																			1		1
579	劉季陵																			1		1
580	侯吉諒																			1		1
581	西　西																			1		1
582	簡政珍																			1		1
583	羅任玲																			1		1
584	徐雁影																			1		1
585	蔡宗陽																			1		1
586	趙　化																			2		2
587	櫓　夫																			1		1
588	楊　華																				1	1
589	錦　連																				1	1
590	林亨泰																				1	1
591	詹　冰																				1	1
592	吳瀛濤																				1	1
593	濤　雲																				1	1
594	徐竹影																				1	1
595	利玉芳																				1	1
596	應風雁																				1	1
597	綠　豆																				3	3
598	chamonixlin																				2	2

二〇三詩家作品

全勤與勤奮詩人

劉正偉作品

旅　人

我們是時間匆忙的旅人
空間縹緲的過客
時常趕路，而錯過風景
也常耽溺風景，而錯過伊人……

旅人，總是攜著沉重的行李
拖著疲憊的步伐
像個流浪的吉普賽人
帶著疲累的軀殼，空虛的靈魂
從這一站，到另一站

杯　具

如果妳是紅酒，我就是杯具
願意用一生來承載
妳的喜怒哀樂、悲歡離合
時常不經意濺出杯外的
聽說是妳夢魘中淚的委屈
而常常使我丹田熾熱的
是熱吻後沸騰的情緒

愛情終究不可捉摸
當妳轉身離去
在妳身後碎裂一地的
是妳哭紅的淚水
和，我的悲劇

《華文現代詩》第 2 期，頁 60。

黃漢龍作品

請問莊子，莊子問誰？

莊周夢蝶

我站在
巨大無邊的玻璃前
總是穿梭在透明與反射的眩光中，
不能自拔

夜如夢般延展
夢如夜般延伸
飛出去了
快速地　飛出去了

卻撞跌在玻璃前

我只好將自己碎裂的身軀
撿起
藏進風衣口袋
若無其事地在玻璃前，
向無盡處
頻頻探望

註：《莊子‧齊物論》「昔者莊周夢為胡蝶，栩栩然胡蝶也。自喻適志與！
　　不知周也。俄然覺，則蘧蘧然周也。不知周之夢為胡蝶與，胡蝶之夢
　　為周與？周與胡蝶，則必有分矣。此之謂物化。」

《華文現代詩》第 3 期，頁 57。

子青作品

風 起

風雨夜來飄落了多少愁緒
強颱霸氣地掠過臺灣
門外的世界不知是何模樣
心情如此忐忑
太陽昨兒還驕傲地笑著
平靜安逸的凡間
現在數著時間卻問著心情
窗外的這場急雨何時可以停歇
漣漪不斷地糾纏
水下企求仰望天空的魚兒
只好張著嘴巴痛苦地禱告
那有氧的願望
被迫改變姿勢的路樹
再也挺不回原來的自己
沒有呻吟沒有血流成河
但圍堵了城市的脈絡
猶如子夜播放的恐怖片
淒厲的風吼伴著發狂的驟雨
這一場晚會真叫人過癮
夢的存摺裏又新增驚悸的利息

註：強颱「蘇迪勒」橫掃全臺，號
稱地表上最大的颱風，風狂雨驟令
人難眠，是為記。

滅

生命一旦失去了自己的方程式
是否還可以擁有復甦的力量
在這一切愈來愈渾沌的世界裡
能夠稍稍安頓焦躁的心靈

坦白的天空
隱藏著陽光毫不遮掩的野心
將疲憊的人間嚴刑烤打
還想蒸騰滲血的傷痕逍遙

極度渴望秋心爬上封閉的大腦
讓豢養已久的思想
在季節中走出自己本有的姿態
禁得起因為改變造成的無端挑釁

遲到的候鳥永遠見不著璀璨的荷菼
當該說再見的時刻到了
且叫我們曾經不斷齟齬的夢想
彼此相忘於江湖

《華文現代詩》第7期，頁66。

林勛頡作品

天空灰得一塌糊塗

灰得一塌糊塗的天空
有人說那是漁船在窗前
企圖卸下的魚貨，在收網與放餌的
選擇後，我停留在一滴雨
最先安息在窗前的遺言

用一種溫柔看著那一片天空
灰的很可憐，像那不能傾訴的
全都糾結在即將隕落的
眼淚裡

　　（但，那些……不是我的眼淚）

包圍大笨鐘的濃霧
是提早預留在窗前的海洋
天空灰得一塌糊塗
是時空與空間另一處塗鴉的顏色
躲在相片外將雨的遺言
重新複寫一遍
而海洋上的漁船卻停在窗前

夢　字

每寫一個字
就在影子裡寫著自己的名字
每寫出一次筆劃，總和
已經埋了一個靈魂的快樂
點一盞燈，企圖讓身體充滿睡意
暗曚的夜色卻淋濕窗前
壓在指邊的姓名

誰，讓夢
醒在最初與醉後的漣漪
果因的脈絡像一把迷失在
網中的篝火，卻燒不斷結網的
記憶，猶如懸在夜裡盈缺的臉龐
跨越了？
仍泅泳在夢的湖底
緩緩溺斃

《華文現代詩》第 11 期，頁 111。

吳昌崙作品

刷　牙

有人說，現代詩從文化縱的繼承
有性生殖出經典的傳統與靈魂
在飽嗝學院派的八股酸味後
格律聲韻全進了嘔吐袋裡

有人說，現代詩在西方橫的移植
翻譯手術中被切除了原文韻腳
只好裝上按圖索驥的義肢
從此便習於蹦跳的路子

反正，流行像女人的服飾
總有一天，膩了新意
就來復古

被文明禮教裹縛的木乃伊
醃漬在超標的氟化物裡
不捨晝夜咕噥默禱
唯求矯治難移本性
滌除滿嘴妄言讒語
不再當腎上腺的傀儡

總在肆無忌憚的口腹縱慾後
告解殘存靈長腦葉內的原罪

從無期徒刑囹圄中
擠出一絲純潔的魂魄
依循朝聖膜拜儀式，試圖
以歸化洗禮除去潛伏的齟齬

儘管唾液腺普降甘霖
依舊澆不息祭獻在口腔裡
六畜亡靈的怨念，輪迴
從不曾消業於胃液強蝕
或者，千折百轉腸道中
但萬相終究形銷骨毀
漸滅自性回歸混沌

雖有氟氣灌頂，豈料
救贖只興起幾分悸慄
舌頭始終瘖啞抗拒
齲齒依然抵死不從
幾經折騰之後
仍殘留嗆鼻的風涼
才清爽幾回吐息
又生是非

《華文現代詩》創刊號，頁 98。

鄭雅文作品

春之語

白雲憩息在錯落的遠山　　　綻放希望
微風吹皺了臨溪的花影　　　源自於自然的薰陶
城市的喧嘩　歇足
年華的負荷　輕卸　　　　　入眼的花影蕊姿
　　　　　　　　　　　　　一半飄入風中
林木蔥翠　　　　　　　　　一半沉入心靈
為大地彩繪容顏鮮明　　　　天空與大地
花言花語　　　　　　　　　依然遙遠無盡
為人們訴說江山如畫　　　　花簇錦團的風景
　　　　　　　　　　　　　生意滿盈的氛圍
萌發新芽　　　　　　　　　將無邊的綠意移植上人間淨土
源自於土地的脈動

《華文現代詩》創刊號，頁 58。

林錫嘉作品

拾得小詩五

風景

老樟在百年歲月裡
滄桑的痂疤
長在蒼老的枝幹上
一寸寸的風吹雨打
艱困的掙扎
而成為風景

　　　　2017.4.22

黃昏之後

一座山
夕陽擁他入睡

浪也回來了
月靜靜在遠處
記下他們一天
辛苦的忙碌

　　　　2017.4.19

油水

一滴油
滴入乾澀的螺絲孔
潤滑起來了

一部大機器伸出一隻隻
乾澀的手
手太多太亂吵著鬧著
要油水

　　　　2017.12.3

聲音

一直都懷念老家
那條幽幽小巷
用安靜來滋養
我成長的笑聲歌聲讀書聲
以及，母親頭上
白髮與黑髮爭執的聲音

　　　　2017.4.12

生命

我把生命緊貼在
菩提樹葉上
靜靜的伏貼

終於我從樹葉細細脈絡中
感覺到它成長的血液流動

　　　　2017.4.2

《華文現代詩》第 16 期，頁 80。

許其正作品

那一雙腳

那一雙腳
走在道路上
左腳右腳，左腳右腳……

或快，或慢
或被擠得站立不穩
仍不停步

跋山涉水
踢過石子
濡濕過，破皮過，流血過
疲憊不堪過
經受風霜雨雪
還是在走

左腳右腳，左腳右腳……
儘管疼痛
仍然咬緊牙關，堅持不停步
即使全身塵土灰黑
即使疲憊不堪，舉步蹣跚
即使傷痕累累……

不停步
那一雙腳
還是走在道路上
左腳右腳，左腳右腳……
在後面留下腳印
走出自己的一條路
通向天涯海角

《華文現代詩》第 17 期，頁 54。

曾美霞作品

以前 & 以後

以前我總是說　　　　　　　　不知道從什麼時候開始
我以後要…我以後會…　　　　掛在嘴上的　變成了
那時候我有很多的以後　　　　我以前是…我以前有…
每一個以後都是偉大美好又充實　於是我有了越來越多的以前

當一個個的以後快速地來到眼前　而我所期待的那個美好的以後
變成現在　　　　　　　　　　並沒有偉大的桂冠
每一個現在卻是短暫混亂又飄忽　我告訴自己
　　　　　　　　　　　　　　在場上賽跑的都努力的跑
很快　超乎想像的快　　　　　但得獎賞的只有一人
似乎僅僅只是一個沒注意
那些以後　那些現在　　　　　失落　還是必須接受
就都過去了　　　　　　　　　畢竟　美好的仗我已經打過

　　──《新約全書‧提摩太後書》，保羅告訴提摩太：「那美好的仗我已經打
過了。」保羅曾經提過「在場上賽跑的都跑，但得獎賞的只有一人。」

　　　　　　　　　　　　　　　　　　　《華文現代詩》第5期，頁67。

莫　渝作品

輕詩 6 則

01

有雪沒雪

春天都不遲到

只因你

盆栽笑聲更燦

02

如箭矢如貓步如水流

大日子小日子

都從指縫間無聲息過去

握牢緊快

03

夜宇清麗

任一輪明月緩移

04

天輕雲淡

雨沒來

腳印留著

聽得清晰你遠去的跫音

05

呼風有風

要雨雨來

風風雨雨的吹拂滋潤

形塑每個生靈容光煥發

06

風勁雲疾走

天色未曾相似

紅塵戀戀永不渝

2018.01.06

《華文現代詩》第 17 期，頁 56。

陳寧貴作品

纏　禪

憂鬱，是一隻豔麗的蒼蠅
在大腦新皮質裡，閃著銳利的光
迷路失速，嗡嗡騷鬧竄飛

夜裡，企圖以安眠藥
降服牠，牠卻
複製出千千萬萬的幻覺
喚醒你繽紛燦爛的慾望

將目光猛力擲向天窗
以為就能將那隻豔麗的蒼蠅
驅逐出去，剎時
你看見滿天的星星
向你飛奔而來，竟是一隻隻
更豔麗的憂鬱

●

你以靈魂出竅的方式
走入喧囂的人群
你看見你站在
從高樓掉落的
陰影下窺視著

你認識的那個美麗女孩
還在人群裡
你大聲呼喚她
但是聲音無法接近她
這時你才想起
那已經是三十年前的事了

你的呼喚
在時間的叢林裡
不過是一小枚
尚未落地的枯葉

陳福成作品

彈吉他給杏花林聽

春神，喚醒爛漫的山花
嬌滴滴的是春風
也有新芽開啟好奇心
一把情不自禁的吉他
為一片杏花演唱情歌
迎來眾樹也一起開花叫好

和煦的春風自六弦流洩
彌漫清涼山景
整座山都溫柔了起來，洋溢著
溫情

連小草、石頭、鳥兒都情不自禁
自四面八方趕來觀賞
杏花林演唱會

勇　者

落葉不甘心向下垂掉
決心反抗地心引力的惡勢力
向飛鳥學習
高飛、飛遠

木馬批判純種馬
痛罵所有的馬
赤兔馬、血汗馬、八駿……
都未曾憑一匹馬打勝一場戰爭
只有木馬曾經屠一座城

因而，小木馬進而批判戰車
愚不可及
不如一片落葉
或木馬

《華文現代詩》第 3 期，頁 64。

麥　穗作品

夢

人說　有夢最美
豪宅　名車　美眷　外勞
口袋裡裝滿黃金美鈔
腦海裡盡是美酒佳餚

夢醒　回到現實
枕邊依舊糟糠
桌上幾碟粗糙
出門還是要擠公交

　　　　2017.7.19. 於烏來山居

隘　勇(註一)

尤達斯一提到隘勇(註二)
額上的達珊就變得更深(註三)
想起年少時
日本警察居心叵測
畜養一批狐假虎威的莫干(註四)
到部落作威作福
製造漢原仇視

在漢原交界處
架設一條通了電的隘勇線(註五)

將原始與文明隔離
不准越雷池一步
讓達揚永遠生活在荒野裡
成了一隻隻井底之蛙
永遠不給出頭的一天

腊葛伊用疑惑的眼神(註六)
望着尤達斯問
「爺爺
隘勇是什麼?」
「伊努」(註七)
尤達斯脖子暴着青筋
大聲加上一句
「日本警察的走狗」

註一：隘勇: 日本警方, 專
　　　管理原住的漢人助理。
　二：尤達斯: 泰雅語一祖父,老
人。
　三：達珊:泰雅語一紋臉。
　四：莫干:泰雅語一平地人。
　五：隘勇線: 隔離原、漢的鐵絲
網。
　六：腊葛伊: 泰雅語一孩子。
　七：伊努: 泰雅語一狗
　　　2017.9.7. 於烏來山居

《華文現代詩》第 3 期，頁 64。

落　蒂作品

雨夜思友人

突然
靜夜遇雨
空山之中
只一盞孤燈
亮在我獨居的小屋
有誰來和我煮酒討論人生

不論內心如何澎湃
此刻對往日的際遇
不免有時追悔有時嘆息
山溪水滿
今夜水聲不知能否
引我進入山中雲深不知處

對　鏡

不知道遠方的你
是否仍會想起我
回頭
看到牆上那面
你送我的長鏡
竟然映出我
細瘦狹長的身影
痴望着滿頭白髮老叟

對鏡問道那是以前
矮胖的我?靠近鏡前
一看竟是風雪的刻痕

是　否

窗外一片漆黑靜寂
獨坐斗室
思潮起伏
想起這一生
風風雨雨
遂拿起電話
撥給你
長久以來一直
一直關心遠行的你是否
仍傲然仰首面對風雨

靈　感

凝視遠方的山和雲
天空好美
好美的天空突然罩下
一張黑網
用力想掙脫的我
竟然發現
這網是一首
詩

徐世澤作品

可愛的銀杏

秋末，被餿油搞得焦頭爛額
內心的折磨似患了憂鬱
我的樂觀心境，不必靠藥物
家人願陪伴我去南投
看秋天的景色

首站，是杉林溪的楓葉紅
同時看到銀杏的金黃色澤
小巧精緻的葉子，優雅迷人
在秋日微光映照下
喜同松柏閃耀著高規格

到了春天，清香陣陣
宛如璣珠的白果可食

葡　萄

兩千八百多年前
希臘人的飲食有葡萄，算平常
春暖爬上架，愛水好梳妝
翠蔓懸攀勝夏秋，味很香

所含鐵質有利疾病預防
葡萄生果、乾和汁都好嘗

大小均勻硬實，飽滿有果霜
紫、紅、青、黑，色澤均正常
漿汁甘酸，如瑪瑙玲瓏剔透
粒粒珍珠蘊蜜糖
新鮮一旦成佳釀
滿座宴客樂品嘗

模特兒

新裝一襲裹細腰
蓮步輕移臀股翹
掀動酥胸展娥眉
回眸淺笑，意在促銷

玉體透露薄衫中
扭動腰肢隨風搖
花容月貌飄香氣
路人驚艷，都說窈窕

《華文現代詩》第4期，頁71。

小 荷作品

偶　然

偶然憶起一些往事
思念無端便浮上心頭
穿過樂章直抵未來
那是七月十五的月
澎湃著生死迴旋曲目
成為河流，來到時間的橋頭
靜靜凝望遺失於青春口袋裡的曾經

啊！是誰說的
夢的邊陲總可以聽到嘆息
秋風微微，楓未紅
而一地枯葉
掩映深邃眸底悵然孤獨

誰的容顏漂泊在紅塵外
淹沒的不只是影子
還有今夜的雨聲咚咚
挑染了歲月的寂寥

遠了的夜無言
我藏起樂音於感傷的胸懷
讓林梢的月亮諦聽風聲
飄入空氣中
化為烏有
吐露著薄薄芬芳

采　言作品

空　無　　　　　釣

人生苦　　　　　　　　　——情牽一線
生老病死
別離苦　　　　　　　　一條小小紅絲線
愛恨情仇　　　　　　　穿越千年而來
癡心苦　　　　　　　　牽住了我
　　　　　　　　　　　繫住了妳

沒有苦
何來樂　　　　　　　　不願被安排
沒有樂　　　　　　　　翻山越嶺
何謂苦　　　　　　　　萬里漂泊
　　　　　　　　　　　落腳於蓬萊孤島

離苦欲得樂
禍福卻相倚　　　　　　偶遇出水芙蓉
修行能得道　　　　　　體態婀娜的妳
往生極樂去　　　　　　詫見紅絲線
　　　　　　　　　　　在妳眉髮之際

參透　　參透　　　　　若隱若現
非苦亦非樂一切俱空無
　　　　　　　　　　　　　2017.11.4 台北
　　2017.12.2.台北

《華文現代詩》第 16 期，頁 137。

台　客作品

一隻過街老鼠　　喊　春

一隻過街老鼠
如今人人喊打

曾經他扮演過
一頭精壯結實的犢牛
如此金光閃閃而有禮
一條風光的鮭魚
如此康師傅般逆流返鄉
一罐人人愛用的好油
炒菜不用放肉絲

當我們紛紛沉浸在
「大幸福」的美夢中
感覺「明天會更好」時
一聲晴天霹靂
驚醒了我們的味蕾
惡！惡也惡不出
嘔！嘔們的大不幸

一隻過街老鼠
如今死有餘辜

（2014/11/2）

《華文現代詩》第 3 期，頁 97。

喊春
在浪潮洶湧的海邊
在零下低溫的山上
在四野蕭寂的曠野
我不停地不停地呼喊著

寒風簌簌
草木凋零
冬以睥睨之姿
君臨著萬物
萬物觳觫發抖

冰雪無情地蹂躪
大地封凍
當一切似乎絕望時
一聲吶喊來自柔嫩枝條
一朵小小粉櫻爆開

2014/1/20

《華文現代詩》創刊號，頁 108。

高潤清作品

無常就是一齣戲　　聽　雨

急促喧嚷裡
永恆多麼渺遠
人生如夢
這齣預置的戲碼
酸甜苦辣
總有個圓滿
無論貧賤富貴

走一趟囂囂市塵
庸庸碌碌
為自己規劃角色
昇華
戲裡乾坤

緣個夢
妳我他
註定是跌宕的舞臺
莫說戲謔

我走出泥沼
妳跳出枷鎖
他闖出名堂

無常就是一齣戲

晶瑩敲響
纏綿的繾綣
如夢成一首詩

滂沱弦音
雕塑長短句
縈迴的交響曲

你聽見啥
夢裡無言淌過
婆娑夜
似曾相識

春的號角
徘徊
引我潑墨
一幅料峭探戈

107.2.25 寫於環西路

《華文現代詩》第 18 期，頁 99。

107.6.5 日午寫於中大湖畔

曾尚尉作品

雪山歸程

「日暮秋寒漸，浮雲送客還」

那年，關於大雪山的美好追想
正梏守於文字的排樓
你巧興推移彷彿出入山林的
　　自在寫意
化作批點中的浮雲朵朵
便將誤闖字林的我安送下山

「檜林深處轉，不覺落人間」

秋涼楓紅青春記憶……
隨著人生的下程路
不經意遺落在各段旅程的轉角
就像一堂堂精采的古典詩選
出入古今的洪聲振林
終轉而為斯人遠去的
餘音裊裊

懷想記憶中的那一頁詩篇我
　　彷彿看見
在許多個燈火闌珊的夜裡
你搔首伏案
以偉岸而柔軟的胸襟
讓一個個年輕學子的詩心

在溫熱的筆墨間
安然降落

註：顏天佑老師，生前於彰師大主講
　　古典詩選。所引詩四句，乃本人拙
　　作〈雪山歸程〉經恩師潤筆後，兼
　　與同學其他詩作若干，由其於課堂
　　上發表講述。謹以此詩勉懷其人、
　　其風。

詩　變

在定稿後
即已入土為安的
一首詩
即使再被穿掛上
滿身鮮碧的珠飾
或者盛裝以鑲金鍍銀的
棺具
都勢難再
起死回生

2014.12.13

《華文現代詩》第4期，頁123。

狼　跋作品

給亡父的一封信
── 憶凃德錡叔叔

爸爸　你生前曾託凃叔叔照顧我
他做到了　如今
他　去找你
我　卻淚眼無語

爸爸　你和凃叔叔宛如親兄弟
他試場失意　你鼓勵他
他仕途不順　你開導他
他事業蒸蒸日上
你卻躲在暗處　祝福他

你對他的恩　他沒忘
在你的告別式　他為你念祭文
過了十幾年　在媽媽的公祭中

他百忙中　特來上香
他對你的情　長存心中

如今　他驟然離去
我訝異　我震驚
隔了數月
他家人皆未告知我

爸爸　你不會怪我吧？
怪我沒代你去上香？
現在　叔叔已到你身旁
相信你們兄弟倆
又能有說有笑的
話家常

苦相思

相思苦，苦相思，世上不苦有幾人？
愛相隨，恨難消，他朝恩愛化煙雲。
意難忘，情絲長，爲何刀刀要見血？
夢已逝，水難收，昔日歡樂淚濕襟。

《華文現代詩》第 4 期，頁 131。

方　群作品

大同美食　　三星美食

・猴頭菇火鍋・

攀附著濃密森林的古老傳說
來自四面八方的呼嘯
穿透耳膜

我們燃燒冰冷的篝火
有些智慧的言語
蠢蠢欲動

・馬告紅燒排骨・

沿著祖靈低調的腳步埋伏
泉水汩汩
隱約有月色吐露

糾結的肚腹期待歡呼
獵刀劈下豪情
是泰雅紋面的聳立族譜

・上將梨・

最高階級的讚美
關於想念
關於滋味

・蔥・

清清白白
修長的身形竄出
溫柔回眸

・卜　肉・

彷彿鬼神的寓言
赤裸翻滾油鍋
飄逸芬芳

《華文現代詩》第 18 期，頁 63

流　光作品

<table>
<tr><td>

間　奏

而你遲遲將步履隱瞞
韌性沙礫寬度
潮間帶的煎熬
漣漪早一刻喧鬧的恐懼

一片風景靜默
被光豢養註解
試圖奮力將髮髻上的照曬
綻立於海流上複夢
編織疾行與緩慢一列問答

我們都是旅途上半歇泳者
泊宿二分之一或者更多或低
海潮不斷振翅瘦削而長

於是我們撿起身旁零碎的笑
再回一個巧合初識之欲

</td><td>

舊　日

海的淺處我們不曾記得
靠岸光影像和愛人旋轉的舞
釀過深的甜膩

而陽光曬傷些許秘密
在夢囈不斷蒸發過境水花

我們踩踏一地的笑
咬一咬船舶舊痕
舊日一如不遇的鹽

</td></tr>
</table>

《華文現代詩》第 9 期，頁 109

劉　迅作品

回　家

回家的
路　雖不遠
路　也未斷
路卻癡茫地伸　展雙臂

人已去樓已空
家　已殘
家　被封固
家在瀕朽孤老中　張著眼

走在回家
遙不可及的路上
的前方
是　絕望

回家路
已阻於無形
家　恆在
午夜夢迴中…

附記：日核災 3 年還有 16 萬人回
　　不了家！旅日知名作家劉黎
　　兒女士和夫婿圍棋國手本因
　　坊棋王王銘琬先生在日本栃
　　木縣那須的家，也因福島核災
　　輻射污染而歸不得。

問安 2 時 46 分

寒風凜烈的冬季海灘
依然荒涼
悲傷淒愴的情懷
依然凍結
在災後的冷冷清清…

2 時 46 分
是遠超刻骨銘心的
傷痛記憶
沿著海岸找尋
消失於海神怒吼後
沙灘上親人的足跡

潮汐波光裡
五年夢季去了又返
時間仍停留在 2 時 46 分
依然荒涼
寒風凜烈的冬季海灘

遠超刻骨銘心
傷痛記憶的
今天　你還元氣麼？
幾時　你能再翻開人生
新頁？

附記：謹以此短詩慰問 2011.03.11
　　福島海嘯核災受難家屬。
　　（2016/02/04 立春日，日本福
　　島核災 5 周年前夕於三星 /
　　安農溪畔 / 隱廬）

黃碧清作品

隨緣，隨圓

太平洋的浪花在拍手迎賓
讚賞這美麗的河山
夜靜悄悄，在後山顯得好柔情
夢在微閉的髮絲，慢慢織
有天倫有情愛，也有春秋

無情風吹，星河冷了寒顫
地牛一個抖撒拐了腳
翻轉一艘船的喜怒哀樂
夢碎了，回家路遙遙
浪潮呢喃，為每個心跳祈禱

水滴滴落，是淚還是淚
盼到的喜泣和悲咽，兩樣情
平安，此時最大公約數的期望
可以嗎？可以嗎？

淡看前塵，看淡往事
隨圓而前，緣滅緣起
轉個彎遇見另一片風景
人生，最美麗的詩集

寫於 107 年 2 月 8 日，記花蓮地震

暖，冬

晨曦在東邊山巒畫眉毛
微冷的天色鶯鶯舞動幾抹微笑
後龍溪畔，水波粼粼點盞盞亮
天光了，葉片上水珠幾顆
星星昨夜留下的祝福

冬陽斜躺午後的禾埕
搖椅上微瞇雙眼的背影
讀，似曾相識的青春
幾片殘葉輕嘆聲蒼老了歲月
風來，牽手共走下一站的幸福

暮色吞落最後一道餘暉
寒意漫漫，輕如薄冰的椎心
拎一被蠶絲，暖暖的
母親的愛陪著入夢
夢回那些年，暖這一季冬

《華文現代詩》第 17 期，頁 88。

丹　萱作品

出　口

（一）

來自黑暗
體驗黑暗
咀嚼黑暗

黯黑的滋味
滋養著不自覺
認識或不認識底自己

來一線天光吧
讓吾知道怎麼推開一扇窗
看見認識或不認識的自己

而認識或不認識
一如黑暗與光明
各自都需要有個出口

（二）

也許
就是不經意的一道瘡口
造就連結了有和無底窗口

血餘　來自三千
煩惱　出自弱水
一瓢　能飲

血餘　化為灰爐
多少繁華落盡
千帆不是
滿盤皆墨

莫　只是一握炭
然　只能一聲嘆
是也不是
不是也是
休休
握不住底塵沙
霎

附記：得了帶狀泡疹，認識了血餘炭…血餘，是髮。血餘炭，中藥，燒髮成炭，用以止血歛傷口。有碰過雄黃 "斬蛇"，因為走神經系統太痛，又換海金砂止痛，可是對它起過敏反應，最後用雄黃加血餘炭，真曲折。

《華文現代詩》第 5 期，頁 77。

趙孜衛作品

歸　鄉

生生死死　死死生生
來來去去　去去來來
這物質世界的消長
只是如此而已
再自然不過了
有什麼好懼怕的呢

來吧　死神
不要再嚇我了
我們的見面又不是第一次
別再故弄玄虛　把我當孩子耍
更確切地說
我們是久別重逢啊

世人真的是愚痴
怎麼這麼不瞭解你呢
物有本末　事有終始
錯把正常當非常
又將喜慶作悲情

來了　終於輪到我了
我入你的懷抱
你是慈祥的母親
我是漂泊的遊子

多年的疲憊　奔波
就此劃上句點
從今起　我將徹底的安歇
我那顆像猴子的心
終於要靜下來了

再沒有什麼會打擾到我
所有煩心的事都將煙消雲散
我一直渴望的和平　圓融　寧
　　靜
瞬間在我面前鋪展開來
我唯一能意識到的
正如每位具瀕死經驗的人一樣
驚嘆　振奮　歡欣　快慰

眼觀壯闊之景
耳聽天籟之音
身處非凡之境
魂繫宇宙之心
回首前塵　點點斑斑
雨過天晴

《華文現代詩》第 18 期，頁 102。

游鍫良作品

一杯搖晃的果凍　　十四行詩的再生緣

去年冬季的鮪魚又長大
大到外衣都鼓鼓的
我看著路上孕婦行走
覺得有聲音在我肚子律動
紅綠燈說我違規
孕婦一臉尷尬

冬季的詩藏得很深
深到擠不出一點文字
於是我想在肚臍鑿一個洞
母親說不可以
版權歸她

我把大衣掛在冰冷的衣架
時間攪拌一杯咖啡
香醇的嘴唇吞落喉嚨
玻璃窗外
大肚腩沒有絲毫畏縮
趁熱挨近曠達

今年夏季我捧著鮪魚肚
小心翼翼的走在街上
深怕漏油摔壞路人的真皮
文字踮起腳尖
笑看搖晃的果凍

拆掉骨頭

拆掉筋脈

拆掉五臟六腑

用血液縫合一組新鮮的靈魂

繆斯笑了

繆斯為一個信仰瘋狂

蝴蝶笑了

蝴蝶為一個信仰蟲蛹

詩笑了

詩捧著心獻給妳

喔 ～ 親愛的眼鏡蛇

你醞釀的毒液就要噴發

我隨後吞落

吞落你整個宇宙

《華文現代詩》第 18 期，頁 138。

涂靜怡作品

愛在夢境裡　　　　　放　空

在夢境裡
愛要不留白
愛要及時
愛是海闊天空的無所不在
一句甜蜜蜜的誓言
一定要深似海

無所不在
是日日夜夜的喃喃
是把牽掛當風鈴
再繫上相思的絲帶
叮噹四季
讓幸福隨手拈來

而在眾聲喧嘩的世界裡
愛恆是默默的奉獻
即使有一天經典的告白不再
即使歲月不留情　　　瞬息
把青絲染白
即使天色已暮
一盞心燈
還會無悔地
為伊打開

寫於 2015 年 9 月 20 日

《華文現代詩》第 7 期，頁 52。

放空
是生命裡的盲點
放空
不是要讓熱情冷卻
不是要把日落黃昏的美景
視而不見

放空
是一種心情
一種心痛後的轉念
憑窗眺望
把不可言說的秘密
用力拋向天際

放空
有時候
也像不經意掉入海底的一根針
妳　也許永遠都尋不回
卻能在百轉千迴的追夢裡
全然　俐落
淡去

《華文現代詩》第 7 期，頁 52。

胡爾泰作品

蘭嶼狂想曲

一、軍艦岩

　一艘永不沈沒的軍艦
　可是　艦上的官兵
　溜到哪裡去了

二、牛頭岩

　逃出了主人家　奔向自由
　沒想到還是被潮水困在海角
　牛衣只能對著夕陽哭泣

三、豬與羊

　豬在街上閒逛
　羊在草坡闖蕩
　蘭嶼的豬羊啊　何時變色

四、青青草原

　光有青草不能構成草原的美
　還得有羊啃食著黃昏
　情人依偎著夕陽吧

五、情人的眼淚

　為甚麼鮫人的眼淚是珍珠
　情人的眼淚
　卻是如此地黝黑

六、主屋

　大門永遠面對著海洋
　等待漁人歸來
　還是思念遠方的故鄉

七、拼板舟

　不是七拼八湊的木板船
　堅實的龍骨承載著希望
　紅黑白相間的眼睛辨認
　　　豐收的方向

（2014 年 12 月寫於蘭嶼歸來）

《華文現代詩》第 18 期，頁 138。

優　子作品

青　苔　　　　　種　子

我不想走出這一道牆　　　　　我散播不知名的種子
我尚在尋求牆角的餘溫　　　　放了幾把溫和的陽光
我依舊眷戀縫隙的流光　　　　向晚的西風不時問侯
　　　　　　　　　　　　　　屋瓦還帶着天空的味道

不介意生命沒有出口
我一樣芊芊蒼蒼　　　　　　　我聽着西班牙的 ComoAma
在角落裡被人遺忘　　　　　　看見你靜悄悄萌了芽
我陰鬱的在牆裡萌動　　　　　正要觸摸生命的喜悅
把生命付予牆上　　　　　　　窗口卻飛進了一隻花蝴蝶
是這樣的微不足道　　　　　　翩翩飄落
卻只想依仗高高的牆　　　　　與我爭寵
一起仰望天際的蔚藍
看白雲縷縷繚繞而過
當風吹的時候
可以擁抱彼此
日夜為伴

我不想走出這一道牆
因為有你　　　　　　　　　　《華文現代詩》第 18 期，頁 138。

林明理作品

夏日慵懶的午後

有座被鳥雀和
蓮花簇擁的小森林，
湖面似透鏡，
雲終於落下來。
我踮起腳尖，
按下快門的一瞬，
細碎的陽光是背景，
天空無語，卻令我沉迷。
我以為自己可以及時
找到真理和歡樂，
那遺世的孤獨
已離開很遠；
風總是靜靜地吹，
在這夏日慵懶的午後。

2018.05.16

《華文現代詩》第 18 期，頁 75。

原野之聲

在空中
或諸神的腳步中
時而愉悅
時而靜靜晃動

我從不期待奇蹟
也不感嘆歲月如流
能誠實面對自己
真正去努力
是唯一的信靠
恰如這原野之聲
使我安詳無憂

2018/05/13

楊鴻銘作品

梅　花

雪，愈下愈多
蕾，愈結愈大
行人紛紛走避
唯獨花仍駐足寒冷的
冬裡等待
等待綻放長年孕育的
美麗

雪上的花朵如雪綻放
淡雅的芬芳飄散如雪
大地一片寧靜，只聞
文人在歌詠的詩文中
鈎心鬥角
畫家在用情的畫布上
彼此較勁
樂者在頌讚的旋律裡
互競心機
從古至今

一樣喧嘩

菊　花

尤其黃色
最常引起思古的情懷
每當秋風一起
東邊的籬下依稀有人盤桓

是一面飲酒一面吟哦的陶潛
還是直到日斜也不肯離去的
元稹
本來只是一群小花
只想與友鄰敍舊呢喃
誰知道多情的詩人
莫須有的冠上逃世的罪名
從此花與隱者
一起活在詩文之中

《華文現代詩》第 18 期，頁 138。

齡　槿作品

來　者

我是古人看不見的來者
就這麼走過數十個黃昏
總想把落葉繡上枝頭
再用人間的針線縫補月缺

如今即便生命的絃
僅剩一絲悄悄繫在夢裡
仍要撥動那鏗鏘
為陽光點燃心之烈焰伴奏
直到來者看不見為止

《華文現代詩》第5期，頁112。

貓頭鷹的祝福

夜深了
天空鋪上又大又黑的床單
溫柔的月亮媽媽拿起軟綿綿的雲
幫星星寶寶蓋好被子
貓頭鷹飛出來咕咕叫
笑著說會把大地仙子祝福過的美夢
送給乖乖睡的孩子

好想一起玩

我的弟弟很可愛

從前比小貓熊更愛睡覺

現在會像小狗爬

有時候又像小企鵝走得搖搖
　　擺擺

爸爸媽媽說我長大了

以後要幫忙照顧弟弟

我想教他學小兔子跳

還有學小馬兒跑

希望將來我和弟弟

可以跟小鳥一起唱歌

也可以跟小猴子一樣快樂玩
　　遊戲

《華文現代詩》第6期，頁11。

多產與未忘初心詩人

向　明作品

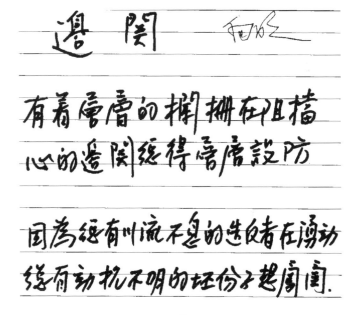

雨中的木棉

萬物將息時，你落寞清醒

萬物爭青蔥，你姿意光禿

萬物鬥豔麗，你孤挺一身

在萬箭齊發的春雨中你卻

想將季節玩弄成滿地花塚　　（1984 年作品摘句）

《華文現代詩》第 10 期，頁 48。

謝輝煌作品

老兵宿舍

電話不響
門鈴不叫
整天只有褪色而沙啞的風鈴
蒙塵深深的哀號

七月
送走饑渴的蛙聲
迎來孟姜女哭奔萬里長城的蟬鳴
一個音符接一個音符的拔河
想起從楊梅埔心哭到中壢雙連坡
哭祭「七七」抗戰的軍魂

吉星文打亮了「盧溝曉月」的黃昏
郝柏村打響了「八二三」炮戰的黎明
一個在金門吹響了生命的熄燈號
一個在金門吹響了生命的起床號

蟬兒喲
你們不要再哭了
為了撫慰老兵的寂寞

要學老參謀總長
唱一隻〈義勇軍進行曲〉的歌
學老長官在杯底朝天
忘記別人流血的「八二三」
忘記自己姓什麼

103.07.09 作

家鄉話

揹個防空袋
揹把傘
男兒就志在四方了
家鄉話
經過山水雲月的打磨與調教
南方話不像南方話
北方話不像北方話
一隻遊方的草鞋
掉在江心
靠不攏這岸
也回不去那岸

103.02.24

《華文現代詩》第 2 期，頁 95。

靈　歌作品

所謂葬禮

1. 昨日以前忘記的話
　　今天借一炷香
　　都燒給你聽
2. 以為在黑暗中
　　終於得以卸下面具
　　卻聽見外頭
　　更多面具碎裂的聲音
3. 借了一把鑰匙，躲進這裡
　　一些啜泣淹沒於壓低的竊竊私語
　　你們的鎖
　　竟然忘記

深淺的流光

「你為何將語言藏得很深
卻將日子過得很淺」

我將陽光鋪設於叢林
依四季排序冷暖
每次激灩成像
光影浮出的素顏，與淡妝
在記憶之河漂流，或沉潛

層次切割旋轉的舞影
躲著收束的光
散亂的髮絲黑白劃分
舞衣內外的汗珠，或者汗漬
漸漸浸潤，透濕
總有些隱晦的體味
散入空中，試探每一雙注視下
的嗅覺

季節總是深淺入框
於我內心的角隅
素描或者著色，油彩或者水墨
狂亂的渲染止於細筆的描摹
標價的高低，隨烙過的印
摳破的痂，留下無法修復的傷痕
擴張或緊縮總有所不同
總有所謂落槌拍出的輕重

時間躺著睡姿
細微的呼息翻轉如詩
輕輕落筆，香過的花枯了葉
海浪遠走引來初雪
縫過的皺褶藏得很深
漫過足踝濕透鞋履
也僅是淺淺的記憶

《華文現代詩》第6期，頁77。

陳文銓作品

愛的故事

1.愛

筆畫這麼多
如何能寫得圓順

同音字那麼多
如何能分辨清楚

輕輕感嘆
一聲哎一句唉
都是心頭隱然的哀

最難懂
也最不易說的
卻是最常掛在嘴邊
的愛

2.故事

不論精不精彩
正因曾經發生過
所以才叫故事

不論喜不喜歡
正因不曾參與過
所以格外冷靜

發生太早或太遲
結局會不會不一樣？

誰又能像說書人
預知故事的腳本？

妳說，等待
為我說一個故事

今夜不行
仍須繼續編一個劇本

等待與妳的故事
無縫接軌

墨　雨作品

聽　花

歷史的長河
總是繞著一個城市唱歌
唱的是唐朝長安的牡丹
歌的是宋代江南的水仙

時代的潮流
總是環著一個城市唱歌
唱的是植屬臺灣的蝴蝶蘭
詠的是南海綠蓋粉蕊的蓮荷

間奏是一闋北城的陽明海芋
背景是疊疊淡水觀音山的風流
終章還想像著
想像士林官邸的翠菊能否駐唱
啟開花華如浪
序曲如草原之星的美麗
千種暗香浮浮漾漾
靜靜的，靜靜的

時間的河流
請再圍繞著這個城市唱歌
唱的是揮別水泥鋼骨的冷漠
歌的是臺灣花色的曲調與風格

時間的河流
請再環抱著這個城市唱歌
潮濕鼓動即將乾涸的心跳
讓花開在心裏，香在唇瓣
即使是一朵水薤的小白花
淨淨的，淨淨的

時間的河流
請再繼續圍繞著這個城市唱歌
輕輕的，輕輕的

《華文現代詩》第 18 期，頁 138。

昨夜微霜作品

舊　愛

夜深驚起
孤燈獨醒

時間
嫣然回眸處
曾是生命的相遇

那則
日記舊頁
不經意的驚嘆號
　　　是否
仍貼近結痂的心

那朵
初春過早
綻放的緋櫻
　　　是否
讀懂含霜的眼睛

風颼颼
雁啾林
折盡長柳處
風流誰許
如今

倘若
不曾相遇
年華初老後
誰來夢聚

夜不語
寒寒
⋯⋯縮回往昔

《華文現代詩》第 13 期，頁 112。

微笑彩俑

遇見
最初的微笑
地下王朝
不解之謎

剝開
層層包覆迷陣
騎兵颯颯
瓦當，封泥

六畜興旺、犬肥馬蹄
庶眾倉滿、阡陌雞鳴

長樂宮，歌舞未停
未央殿華宴，正興

清靜無為
黃老哲理

承平盛世
裸奔的芭比
洩漏漢陽陵秘密
美，比歷史還真實

註；臺北國立歷史博物館參觀
　　「微笑彩俑」展有感。

《華文現代詩》第 11 期，頁 109。

葉雨南作品

大廈裡傳奇的寂寞

十六層樓的光，我每天看著它

像看著鏡子一樣

折射我發慌的臉孔

青春痘，雨絲讓它發霉

細細一顆，像孩子的球

被世界讀報的人，拋上天空

我不住這裡，只是經過……

有時看見一顆大樹

遮擋別人的眼睛

我的愉悅會頓時發怒

像羽毛落地的鳥，嘆一口氣

氣息很長，還以為是菸在獨舞

妳住在這裡，我喜歡妳

妳時常看見一顆大樹

遮擋我的眼睛

像氣球一樣輕的眼睛

睜得很大，剩下的餘光

拿來欣賞角落裡的散步

散步的人，是光

它？傳奇的一部分

讓我們的距離，用跳繩來衡量

《華文現代詩》創刊號，頁101。

安　雅作品

電影院裡的眾多自我

神秘建物張口吞沒人潮
買票享受聲光之娛
咀嚼人生喜怒哀樂

失意的人自劇中找到角色
認同　療傷　自我安慰也顧影自憐
得意的人從戲裡看見風雲人物
比擬　分享　自得其樂還顧盼自雄

憤怒的人借古代大俠的手殺個痛快
解悶　消恨　自命不凡兼故步自封
平庸的人跟銀幕偶像一起接受擁戴
陶醉　麻痺　自我催眠更孤芳自賞

一百分鐘的幻象激發一百分的情緒
劇終　人散
燈光亮起　銀幕上的可憐蟲怎樣了
回到現實　影片裡的大英雄怎樣了
離開戲院　真實生活裡的你怎樣了

是夢
回首往昔　渾然如夢
是戲
展望未來　是一場尚未殺青的戲

《華文現代詩》創刊號，頁101。

魯　蛟作品

吃

這個字
原本是一個尋常的　動詞
如今卻變成活潑的　動物

牠不只是跳躍在家戶和鄰里間
也跳躍在巨都大邑中
不只是跳躍在亮麗的官場
也跳躍在隱密的私邸

牠自作家的筆尖跳躍到坊間的卷冊
自廣播頻道跳躍到電視畫面
自路邊小攤跳躍到高樓大宴
自珍奇的山產跳躍到名貴的海鮮

在街談巷議中看到牠
在讜論妙語中看到牠
在每片的空間裡看到牠
在每分的時間裡看到牠

從山巔到海湄
從空中到地面
杯盤閃閃
口福無邊

《華文現代詩》第 14 期，頁 61。

鏡　子

閱讀報紙時突然體會到
它不只是一份報紙
而是一堆多功能的鏡子

它是高度的望遠鏡
讓我看到遠古和遠方
它是精密的顯微鏡
讓我看到人間的細瑣
它是慈祥的老花鏡
幫我驅趕視力的阻障
它也是啊
一面神奇的照妖鏡
讓那些醜陋和邪惡
在它的面前
一一的
顯 ——
現 ——

《華文現代詩》第 19 期，頁 50。

閒　芷作品

寂寞列車　　　　等秋意爬上

列車載著孤單奔馳　　　　夜爬行著，以溫柔的唇
光影上車又從窗口下車　　親吻沙灘上的足跡
每一站，只有雲朵偷偷打卡

　　　　　　　　　　　　誰咀嚼細語如霜
偷偷打卡的還有掠過的風　檸檬香的月光鑲著星子
吻上疾行在稻田上的雨
斜織著一半故事　　　　　露是白了，窗前
一半留給旅人填寫　　　　等欒樹黃了花串
　　　　　　　　　　　　薄翼般的銀杏葉涼了
　　　　　　　　　　　　燈下搖晃的翦影
黑白的風景等天亮　　　　等列車載著歲月慢跑
等下一站，是否　　　　　等秋意
晨曦已在候車亭守候天光　悄悄爬上屋頂

許水富作品

未知的未知

刮乾淨的臉仍有時間咬痕
存在是荒誕的遭遇和意外
你在穿行的車間賣玉蘭花
他有八百坪豪宅可以容納兩個春天
日月旋轉。窮人一輩子只能相信命運的俘虜
有人用手指量測天空高度的希望
有人低頭把自己交給自己
在汗水旁邊。在土地乾裂的旁邊
你倔強的站在自己的位置
隨著今年麥子的沉默詞句而沉默
為此。你眼眸開始住有陡峭人生
半畝收割。一方停泊。以及慢慢的老
光陰在沿途豎起滄海段落的旗誌陳詞
所有被命名的都已封印還原
這是生命的寂寞。彷彿昨日。彷彿現象
你在日子邊緣養活自己的遼闊
雙手合十。燙碗青菜。抵達肉身供給
感恩隱退的黑暗中還有一勺亮光
像無題婆娑。你看見前世玫瑰和端正的笑
你從鄉間回來。在下游的城市縈居
拖著靈魂的遷徙尋找成形的方向
像仙人掌。候鳥。在廣袤裡的人沉浮負重
而生活又是一場搖搖晃晃的過境
陽台晾著霉濕的衣裳。去年的秋天
冰箱剩下靜止的大片海岸線
十一月。你拎一瓶酒就橫渡了一個冬日
然後把口袋的字句燃點。沸騰

暮 云作品

走遠的日子隔著遠行的人

我喜歡清晨到湖邊散步
時光過去了
昨夜未竟的夢仍跟平時一樣
期待穿過迷霧遇見已消失的想念

每踏過一步我更確信遠方已近
像一條轉道的河
跟歲月的容顏對望
甚至相遇
甚至，朝著安排好的約定
在盡頭前準備
匿身後孤寂如何啟齒言出問候

但總在荒蕪已久的語言中踟躕
生怕分歧而出的枝節
再度以陌生的隱藏設下一樁
　　伏筆事件
一樁無從了解凋零的聲音
只是掠向湖面的漣漪隨時消失

我如何再有勇氣，去遺忘
去晃盪成了比夢更悠遠的傳說
以人生之聚散繼續若無其事
走進一片相思林裡
面對隱藏著語言捕捉不到的
　　延伸小徑

寫於 2015 年 9 月 20 日

《華文現代詩》第 4 期，頁 73。

暗 語

那熟悉的單行道
有闖入者，從對面迎來
濛濛的灰
逆向奔馳
回顧比什麼都藍調

像魂魄離開了
攜帶著一種茫茫
晃晃的暗語
從遠處向近處，靠岸
煽動人心的秘密悄悄重設

問 柳

懷抱一次相遇，一個情網
這一生來去
百般你我，夢樣的
仍是心執悲喜

然而
一回又一回
也因你我的殷殷戀戀
一度漣漪
粼粼

耽於此風聲
柳色青青，最後
怎一個划過
溜走

《華文現代詩》第 5 期，頁 99。

陽　荷作品

望鄉的孩子

我是玉山的孩子
看看山
想起了我的家

說我是大地的歌手
以虔誠，以地心的呼喚
嗚！耶！喔！嘿……
潺潺流動的八部合音
一階階，緩緩爬升
植在小米田裡的夢
就要長出翠綠的芽苞

說我是山林的孩子
獵人古道上
追逐著祖先的行路
攤開陡峭的山徑
風乾的汗水與血漬
鑄印著族人的愛，勇氣與希望

我是望鄉的孩子
開門撞見了玉山
雲霧上，撥不去的鄉愁

註：望鄉布農部落位於南投縣信義鄉。

望鄉石頭壁畫

一片片冰冷的石牆
誰把溫度燙熨在石頭上
誰又把故事鑲嵌在石牆裡
一塊塊拼貼
何須多餘的密碼
你來！讀布農族人樸拙的初心
這坦露在天地裡
未經雕琢的愛與美

《華文現代詩》第 19 期，頁 50。

陳　維作品

不可求

冬是可遇的，暖陽是不可求的
文字是可遇的，詩是不可求的
你是可遇的，愛是不可求的
而相遇太美好
我，已無所求。

伏筆

給你的信中
最末段比前面重要
沒說的比說的重要
刪節號比肯定的標點重要

看似浪費的空白欄位
卻讓我的眼眸
停留了一個世紀……

不見，不散

像天邊瑰麗幻化的雲彩
一眨眼
你,就不見了

像接受了命運最好的安排
我們,就不見了

將你的記憶
如經般轉讀千遍
織成一件最莊嚴的法衣
任無常流離
也都,不散了

《華文現代詩》第 19 期，頁 50。

莊源鎮作品

婚姻交響曲

回家溫度還是很暖和的
只是屋外的秋天有點冷涼
我說天涼了出門加件外套
晚餐的味道有些淡
沾了調味料卻有些鹹
孩子的笑聲還留在捉迷藏裡
然離家外宿的身影只能在
　　濃茶裡想念
愛情裡的愛是一加一等於無限大
是自由與不自由的加減乘除
有時好玩的像公園的滑梯
有時像惡魔存在的鬼屋害怕的
　　想逃走
婚姻的天平上晃動著輕重的份量
我們玩著相守的翹翹板忽上忽下
擁抱　溫婉　鬥嘴　離家又回來
我們的腦袋裡已被移植衛星定位
柴米油鹽以及生活的交響曲
忙碌著沒時間玩角色扮演
當夜安靜低垂我們依然交互依偎
因爲孤獨的自我需要慰藉
那是取暖與共生沒有懷疑

戲子

緩緩走上舞台
你炫麗如琉璃瓦簷上的鳳尾
幕後恁風吹拂
四季只有皺紋及漸白的蒼髮
　　相對
舞台上的掌聲喝采謝幕燈暗
當你卸下假面的光容
一一審視淚卻潸然迷濛
照鏡
而鏡如默劇
日子是一個個單音跳躍
你靜默飲下一口茶
淡淡
在喉間盤旋
甘醇

《華文現代詩》第 19 期，頁 50。

周青樺作品

我在頂樓

我在頂樓
感受雨絲的溫柔
片片棧板都濕透
夜夜滴不盡更漏
天天霾霧悠悠
籠罩許多閒愁

頂樓此刻
看不見出航景象
也看不見歸帆停泊
像寂寞空幽的港口

且盼一段西皮搖板
像草船借箭那樣
借一支箭
直射邱比特的心頭

有人天天都在頂樓等候
期待海鷗飛來還要多久

2017.12.13. 於 D6

枯木頌

北極年年雪結冰
從不對你說我冷
你沒問過我
我想你知道

我的凌雲壯志滿腔情
一直不敢伸手抓住你
讓你隨著溪水向前流
流入大海沒回頭

春來處處花開遍
只恨葵花向日不向我
樹要陽光花要肥
葉要露珠來滋潤
我是野草裹住的枯木
撐到今天算異數

孤　鴻作品

夜市人生

每每幻想夜市都會熱血沸騰
為夜痴迷的我仿佛沉浸夢中
置身夜市卻落寞於真實的街道
承受微涼夜色和湧動的人潮

這座夜市在外客中名氣不大
但很多在地人對其印象頗佳
有些店常年經營，人來人往
不少攤時尚流行，也生意興旺

我總是相信網上的人氣指數
因此嚐到美味，抑或辣得流淚
我放棄了推薦率較低的食物
或許其中某些才最合我的胃

朋友誇獎這家豆花香軟入味
可惜我常吃豆花，便不甚敏銳
那份鹽酥雞僅小半袋，看似不值
其實它無骨味道讚，吃過便知

我很挑食，尤其不喜好豬肉
勢必錯過滷肉飯和藥燉排骨
若要問我能否吃澆豬油的食物
能！只要不告訴我它含有豬油

欲維持清淡飲食，亦怕浪費
就只選用三兩樣小吃，不餓當飽
走出夜市略有不甘，但懶於折回
抵達旅店確感飢渴，就舔舔嘴角

作為遊客，拍照留念乃例行之舉
形形色色人和物收藏進我的相機
一定有束閃光燈點亮了你的目光
藉夜市看人生，清楚又像謎

夜市像臺巨型空調，變換著空氣
會讓打顫的我冒汗，寂寥的心回暖
如今台北的夜色我已經看慣
少了朦朧新奇，卻多了家的氣息

備註：詩題引用自民視八點檔連續劇
　　　《夜市人生》片名。
說明：詩歌第五段是比喻我們都堅持
自己的原則，但有時心中也會有一些
模糊地帶；第六段是說我們常常容易
小富即安，但當有了不好的後果時往
往會後悔當初沒有竭盡全力。

《華文現代詩》第7期，頁108。

艾琳娜作品

<table>
<tr><td>

誓　言

</td><td>

魅　惑

</td></tr>
<tr><td>

牽手漫步黃昏
愛沉浸在夕陽裡
風吹起你的衣角
幸福要比路更長

撫著你，微醺
習慣的氣息
枕頭上的味道
喜悅來自懂我
愛無從假設

溫暖的胸膛
是個人的專屬
手上的無名指
留下深深的戒痕
那是甜蜜印記
愛的誓言

</td><td>

請不要輕易拆下糖衣
那是長久的安全堡壘
不論何時，我總能
奢華的擁有你的關注

包裝帶來的魅惑
給人奮不顧身的勇氣
卸下了心防脫去盔甲
袒裎相見的那一刻
卻要面對現實的殘酷

我是糖，你的愛
正吞噬著我的身軀
慢慢融化直到生命消逝
包裝帶來的魅惑
是奮不顧身的無悔

</td></tr>
</table>

徐如林作品

我　想

我想
像一隻鳥兒飛翔林間
像一片雲朵漂浮藍天

我想
像解開枷鎖的靈魂
不佔據空間

我想
像一朵雨中玫瑰
在你吻我的那一刻
分不清滴落的水珠是雨是淚

我想
像一個陌生人與你擦身而過
這樣地自由自在
許多許多的後續就不會發生

螢火蟲

我在溪邊草叢飛舞
眾人訕笑
螢火之光焉敢與皓月爭輝

我的光是造物賜予
即便小小小小小小的一點
自由自在毫不羞赧

你問我來自何方？

忘了嗎？我是尋夢的心
曾與你互勾小指
望著光年外故鄉的同伴惺惺相惜

我照亮自己的腳步
帶來驚訝
精靈飛舞的劇場
一齣仲夏夜之夢有你有我

面具之後

成為醉人的美酒前
葡萄沒有透露半點口風
結晶為鹽後
海水隱藏原有的狂嘯

陽光赤裸著秘密
嘲笑每一個沒有主見的影子
他們見機行事
諂媚受傷的黃斑部

以陳舊的相機紀錄
陌生的熟悉
痛苦的快樂
墮落的昇華
過去的現在

夜間爬行的妄想陽光中飛翔
洞穴蠕動的希翼地面上奔跑
裙底的風景依舊
面具之後是否仍然那張臉

洪躍通作品

花二章

1.怡 —— 寫玫瑰花

迎彩蝶
情繾綣
心聚焦了
靈對話了
怡然間
悟～
宇宙是多情世界

晶露奉陪
晴空輝映
皎月斜伴
聖潔迷人寄心房
魅力悠悠人夢鄉

喜容艷
愛色潤
莖刺放一邊
却始終堅持衷情

郁美馨柔
御心飛越脫塵罳

2015.03.09　於見穌館

2.樂 —— 寫白牡丹

塵汙天下
淨樂人心
聚緣～
相逢欣喜歸因果

似玉女～
亭立臨風
潔白引舒爽
嬌嫩導心痴
閨秀孤戀迎鳥飛

如嫦娥～
閒雅撥雲
蕊潤粉拋媚力
葉嫩滑弄玉姿
悠然耍霧又戲雨

嗡蜂陪慈音
彩蝶伴韻聲
渡人間
緣繫一見富心靈

2015.03.03　於見穌館

《華文現代詩》第5期，頁66。

蔡澤民作品

風情平快車

三十五年前　負笈北上
　　總搭鐵路平快車
極早　不是欣賞它的慢
而是　唯它　容我開窗
發現平快車的窗　不閉鎖
此後再也關不了
那迎面來的風　直拂著
乘載我的志
對座的小朋友　睞著眼
因　前進揚起的風
我喜歡感覺

三十五年後　縱橫各地
　　難得鐵路平快車
現在　可真懷念它的慢
愛上　慢裡　允尋他想
今日高級冷氣車　窗閉鎖
往後再也開不了
那迎面來的風　眷眼前
隔著厚玻璃
偏著頭接受了　這是進步
而　進步帶走我的感覺時
我喜歡感覺

手機・喚醒微積分
的下課鐘

叮叮噹噹、叮叮噹！上課了！

極限與連續　不敵！
滑手機的手，一變四

指數與對數函數　亦難敵！
滑手機的手，四變十六

隱函數的微分與不定積分　更非敵！
滑手機的手，十六變六十四

注意哦　這一題考試會出　敵！
滑手機的手，六十四變十六

你、你、你，上台做第十八、
　　十九與二十題　亦敵！
滑手機的手，十六變四

點名了　勇敵！
滑手機的手，四變一

下課了！叮叮噹噹、叮叮噹！

思　方作品

我和我的石頭

我是一粒沙
落在你綿密結實心尖上
顧盼你堆疊式滄桑

抬頭，看見你
瞇著眼，嘴角微微上揚
你說，春天來了
要我，為你縫製
嫣紅色彩衣裳

我用七世情緣絲線
仙台迤邐風景布幔
量身設計一套套
春季時尚衣著
你是滿載祝福的，許願石

春

三月單純只做春天的事
我就醉在花朵笑窩裡
吟風唱雨舞弄一山青脆
一朵白雲足以捏造一個神話

夏

你故意把白晝拉長
讓太陽徘徊在森林
允許驟雨邀請我一起
在微笑彩虹上，盪鞦韆

秋

秋是個魔術師，輕輕吹口氣
森林就換上暖色系禮服
柿子紅著臉向蝴蝶，告白
我抹上桂花香緩慢緩慢地，
想你

冬

森林休眠在冷冽吸納間
雪花開滿整個山谷
傲骨梅樹釋放新的溫度
在甦醒那刻看見最美的四季

林秀蓉作品

螢火流光

當太陽逃離整個大崙山頭
立夏夜，悄悄然不動的聲息
彳亍小半天的雲霧，朦了
黯淡，蔥籠滿山的碧綠竹林

廣袤無垠山坳，羽化精靈萬千
脫出嚴寒，只飲花蜜露水
便行旅生命中的一期一會
瞬間舞動山渠，振翅飛閃

如流星摩娑穹頂，閃閃爍爍
無法座標的星系，圍繞
任憑幾筆油彩的印象，能否
點亮，一座座森林銀杏

一輪明月早已笑坐夜空
山澗流響起百蛙嘓嘓共鳴
從九重天上傾瀉的世紀婚禮
浪漫，銀河星斗歷歷在目

有誰在乎，一切蜿蜒的滄桑
千萬年後還來執小杜羅扇
輕盈，撲捉那飛舞的螢火
《華文現代詩》第 8 期，頁 80。

暖　陽

悟，在這裡偶遇
擁吻和煦微風
依偎，歲月靜好
遇見你後的異想世界

《華文現代詩》第 9 期，頁 62。

大步危峽谷

春天的江水
常分不出藍綠
少了幾許猿聲，兩岸
啼不住的只有波光

註:大步危峽兩岸礫質片岩石距今一億到兩億年前在海底形成，觀光遊船已有百年歷史。

《華文現代詩》第 16 期，頁 143。

蘭觀生作品

水泥叢林藏鴛鴦

台北榮總「湖畔門診」外
常有人佇立，觀看湖面風光
有垂柳、九曲橋、杜鵑、青蜓……
還有人造島上的鵝舍。

情人節過後，有二隻鵝仔誕生
鵝爸媽引領著，愛情結晶
悠游，學習生活
展示著自傲和滿足，最令人注目的
卻是那對形影不離的鴛鴦。

站在我家屋頂，
背山面海，眺望漁人碼頭
落日、燕鷗、光纖彩橋，還有
會冉冉升降的旋轉塔，
能把情人送到凌霄。

這是北台灣的景點，假日的遊客
踏著街頭藝人的音符，獵取
永久保存的記憶，卻忽略了
隱藏在水泥叢林裡的，另類鴛鴦
他們不分晝夜，獵取無需
保存的原始慾望。

2015/10/25

變　臉

變臉，是川劇裡的絕活
不換場，可變出五種臉相
剎那間，淋漓盡致，表達了
喜、怒、哀、樂、驚訝和憂傷
演技精湛，觀眾讚賞。

現實裡的變臉，也叫翻臉
有人也能易如反掌，快速的
敵視親友
酒、色、財、權、利的爭奪
唐朝，玄武門事變
三國，呂布弒董卓，當然
也有現代版。

孟老說，性本善
荀子說，性本惡
舞台上的變臉，是
角色性格的轉換
現實裡的變臉，是
人性醜惡的樣貌。

2015/11/16

周潤鑫作品

荒　年

你說，到月河邊吧。那裡還有你的足印，數到百步之遙，
　　你會張開枯索的心扉，等我；讓我盡情吸吮你剩餘
不多的月光，讓我能成為月河邊一株搖曳的希望，
甘心為你捕風捉影——把時光一網打盡，慢慢舔嚐，
慢慢，一起變老。
我手裡攢著希望，希望能種在你的心田裡。
地，荒了，廢了，算什麼？夜，黑了，沉了，又怎樣？
我手裡攢著希望，就有無數顆堅實的種子。在任何人
想要一顆的時候，我會打開龜裂的手掌，讓他看見，
讓他點燃眼裡的愁怨。
火光越大，我越開心，因為愁怨快燒完了。火光越暖，
我越害怕，因為愁怨還源源不絕。

我手裡攢著希望，請不要輕易掰開我的手，因為，
希望飛走了，我要到哪兒去找希望？又如何聞到
你心裡莊稼的纍纍芳香？

染

讀詩讀到心痛
連呼吸
都吹熟了，憂鬱

那一小片被我剪下的
秋光，含在嘴裡
嚼一嚼

我吐在掌心，混搭憂鬱
塗抹向晚的天空
讓我的眼，漸漸
滴成　　黃昏

《華文現代詩》第 7 期，頁 67。

瑀璇作品

黯夜浮筆，
只願淒容一章

將日子堆疊成冊

緣份　留下冷冽寒雨的段落

風　掀開滄桑年輪的扉頁

不歸鳥　在空曠的青山上盤旋

以為預留的心頭堡壘

會有繽紛填滿虛幻的眸光

誰知　眾裡尋它千百悟

記憶只停留在傷心處

一條長河喑啞無語的滄桑

一方　無底井裡咕噥的吶喊

寒月的窗　鎖不住年華的雨露風霜

標點　從來只是沉重家計的抿嘴

句號　卻是一顆生離死別的嘆息

掛在枝頭上的驚嘆號

是蟄伏待發的詩影

黯夜浮筆　只願淒容一章

匍匐淬煉人生的悲歡

讓桎梏靈魂的省悟　不再是偶然

《華文現代詩》第5期，頁87。

逆　流

一條溯源的小魚

向逆流的初生處而游

拍擊的浪花

吐出一抹堅忍的泡沫

曾　經

風中一朵雲擾動了記憶

模糊了漸行漸遠兩心的距離

我在迂迴的水系等待一句花

　　　的語意

卻喚起藍色風信子的曾經

《華文現代詩》第8期，頁60。

劉曼紅作品

泥火山豆腐 vs 炒米香

泥火山冷冷地泥火山
冷冷滴到今億萬年精髓蘊釀泥活山豆腐
玉臂碾磨金黃豆揮撒羅山舞躍
迴旋復迴旋
碾磨雪白精靈如風中呢喃
祖母級作法泉水地洗禮
有機有益有康健
豆腐西施凝白如玉
西施豆腐如夫　蓉盛開
出污泥而不染
齒留香飄然縱谷

又見炒米香呀，炒米香
原是晶瑩米粒，炒出一室溫馨
炒出歡飛春情春風
土豆、芝麻、麥芽舞耀灶王爺
瞬間幻化香味爆米花泥火山豆腐是爆米花的羽衣
輕捻豆腐西施，爆米花是詩的魅惑

《華文現代詩》第 10 期，頁 92。

劉旭鈞作品

微物誌

沉水中最後的吐息
漫濾於眼中，每一吋可能
每一道透明溝渠的囚禁
飽足之後腐朽成堆，細細吞吐
等待的長流是靜止的。

無法闔眼的最後空洞
浮沉於水中
散入塵埃的天空
不聞禽鳥聲
唯見萬里雲
辭去的路在雪原之下
　　（高空的雪與凍原的雲）
與停滯的疲乏
十萬公尺的剎那
再次平凡的飛沙

或許落入消殘的晨光
而復生於清流的向晚
他人的短暫
漫長於無知的感官中
應要燃盡者
竟漫夜空而飄飛……

塵未歸塵，而土未歸土
最終結局尚未昭示
微弱以星光自比
黯淡中的前行
下一個季節之前

早已遭逢遺忘。

再次
化為四時的痕跡
趕在簇擁的眼帘之前
入了兩方無櫺的窗
　　（黑與白何等澄澈）
眨動間擷去了暮雲
無痕的背景完美的黑
夜的沉浸是沉靜的。

本是漂泊
屬地是錯誤的跌落
然而並不存在魂魄
存活是否是傳說？
趕忙的另一條路
卻是夜夢中
　　（無感知地飄入界壤）
無意義的清醒

錯誤已成正確
不只消亡卻仍存在
無夢的暗處不得止息
臨向下一陣光與風
　　（或遙遠的溪河）
在睜眼之前
　　（恍若河岸輕波預示）
最終，浮沉。

麥　清作品

海洋戀歌

寒冬已久的灰鬢鬍渣
垂下焦渴的首陀羅
而開禁的特約宴會
依然心思空無的眼神

那團炸蚵仔火種
就像打個原始暗號
吃了又吃　　且忍不住
滑軟堅硬的新鮮蒸炒

似一片彈升波動的
鉛色鍋面
大海的臉忽縮忽張
有濃重霧氣懸在其上

妳是我熱夏的解饞泉
和偷偷釀的牛奶蜜
是妳冽風裏的軟滑被
搖曳希望的春天嫩葉梢

太陽的臉懸掛紅暈
戀人瞳眸也為之迷醉
魚吻的泡沫洶湧著
從面部羞紅到腳跟

妳又痴痴地笑我：
蔥末實在
太寂寞啊
才深深想念這薑片

哦不 ——
不是啊
頭上大片切剁的雲彩
日夜還不停煎熬地走

當那對焗烤明蝦不忍
分開筷子手
妳卻沉默得燜鍋：
偶遇的執著　　迷途的風波

哦不 ——
不是啊
妳瞧外邊月亮灘上
招潮蟹的腳步拾級奔過

儀式

車輪轉動市場旁手工坊的人潮
古鎮圓環的晴巷青石板上
紙傘遮著妝點喜慶的神祇祭壇

春季怒放的雪白油桐花飛繞
用深山老竹做成竹管傘骨
耆老將陽光射線抓在手中
綁入雅緻精巧的傘架

而站立沿岸穿藍衫的你我
輕俏的踏上虹橋環視踱蹀
輕聲說話並收起一對桐油紙傘

登臨一座旋轉久遠的摩天輪
俯瞰那裏有火成岩塊佇於斷崖
貝殼泛流清逸的海潮聲
悉索響著八角方頂的新亭

然後　　膠卷轉動怕生的一笑
是十六歲成年禮
族羣圖騰拓印曬黑的圓臉
讓守望的全家人如此開懷

天色漸暗　　有雨珠在傘外打轉
弧形浪花漂動離岸的船隊
淡出島嶼漁人們的視線

撐起彩繪塗漆成的棉紙傘面
一把把轉動　　團團圓圓的
桐油紙傘給惜福的旅人買

《華文現代詩》第 7 期，頁 78。

黃以諾作品

風景善款

地牛震動了南台灣
各地善款紛紛湧至
有台幣、外幣
還有幾疊贖罪券

青　春

青春是一排咬到出血的牙印
即使修容美白
肌膚裡的傷口仍不時地提醒
它的存在

比　高

大廈說：
「我的高聳，以雲為背景。」

雲只低頭看一眼大廈
笑笑地飛走了

《華文現代詩》第 9 期，頁 129。

停電

如同被抽乾了血液
家，成了冰冷僵硬的屍體
在房裏的靈魂啊
只好在外遊遊盪盪

螢火

我舉火在夏夜尋找
夢中的你
你擎燈在夏夜尋找
自己的夢

《華文現代詩》第 7 期，頁 49。

陳威宏作品

往捷克名人墓園的途中，及後

唯一仍醒的是
紛黃的落葉，狂妄演奏世界
剩餘的秋季終於決
將草地的詩意滿溢

時間輕薄短小，卻讓
沒說完的故事深刻
像不遠處流淌的莫爾道河
安歇了詩人的美

我們沒有遇見
慕夏，也沒有擁抱轟魯達
只有在雨後的聖彼得聖約翰教堂
找到一片如葉的寧靜

放下年歲的漣漪
我們在安睡裡
彷彿天使不再跌失所有

可能的夢

《華文現代詩》第 9 期，頁 119。

帶我去遠方

帶我去遠方，那裡
沒有鄉愁，有能祈禱的哭牆
沒有瑣碎猙獰的生活，有安睡
死亡的溫暖
一道適合直視的陽光

帶我去遠方，那裡的街道
沒有閃躲的背影。兩側有綠
且愜意延伸的懸鈴木，在那樹
下
喝上一杯林蔭咖啡
沒有創作不了的惆悵

帶我去遠方，那裡有你
沒有美好童年的遺忘
沒有不確定
是否已痊癒的傷

《華文現代詩》第 7 期，頁 86。

曾美玲作品

蝴　蝶
── 太魯閣山月村偶遇

那晚，小木屋門前
月光擁抱的
地板上，偶遇
一隻蝴蝶

不知是跳了一整天舞
累歪了？
還是啜飲濃郁花蜜
醉倒了？

便放輕腳步，以免踩醒
安靜的夢

眼　淚 ── 悼河馬阿河

新聞說，不會說話的你
重摔之後，默默以眼淚
喊痛

今晨醒來
被你離世的消息重擊
流淌不捨的眼淚
一邊祈求上帝
趕快帶你逃離危險地球
逃離黑暗人心
飛回天堂的家

《華文現代詩》第 7 期，頁 98。

那是一個奇妙的夜晚
──獻給耶穌的詩歌

那是一個奇妙的夜晚
當看守羊群的牧人們
穿越烏雲穿越濃霧
仰頭聽見，天使的歌聲
溫暖擁抱
貧窮與嚴寒覆蓋的大地

那是一個奇妙的夜晚
當前往伯利恆的使者
走過大漠走過荒野
屈膝下跪，迎接卑微馬槽裏
最榮耀的誕生
最恩典的禮物

那是一個奇妙的夜晚
當行走在茫茫黑暗中
所有找不到方向
迷路的眼睛
都驚喜遇見
那光！

《華文現代詩》第 14 期，頁 90。

黃　關作品

秋　拂　　　　　雪的告白

秋晨

秋劃破晨東閃光
遠山幛幕
秋意落霧一雞啼
只望
隨雲蕩漾蛟龍活現
畫卡變成繽紛多彩
萬裏迢迢
山水一片

秋斑

秋濃隨意
激漾輕撫搖晃大地
揮灑中
帶著夏末的溫存
抹一回來又塗一下
斑斕露珠點點
望向林園的那一端
呈出一股湛藍的天

秋夕

秋戀癡迷
夕色漸下西沉
幽暗深谷乾了又乾
心中閃過盡頭
衍生一副歸盡迷流
秋拂點點
已喚不回寫過的羞怯嬌嗔
頓覺秋來過多少回

《華文現代詩》第11期，頁119。

那一場雪
開啟心裡火紅的慾望
大自然飄蕩著

跨過星跡遠道的芬芳
每一串激烈陶醉的凍
感受冷意的侵蝕溫柔
如翻閱一首詩頁
一絲絲化成文體的情愫
與雪告白的那一刻
看見白色天堂的樣子

守候著天設潔淨的純白
泡在雪裡連成的渴潤
兔神唾沫由月痕落地
迂迴於山巒
發酵幻化而來
靜默停泊
如文濤點滴翻滾
跳動心靈密碼
在沈澱立山黑部之後
大聲的解放

《華文現代詩》第12期，頁144。

慧行曄作品

詩　客　行

生活，如墮入濁流之中
名利出賣不了才華
筆鋒流瀉一頁的詩意
洋洋灑灑的文字
堆砌成一刻的鋒芒
卻惹來參半的毀譽
我的才情從谷底冒起
然後又再退回
誰說詩情便會流露畫意
我不是大文豪、名詩人
只是區區以筆耕者
灌溉不了五千年的文化
我自詡的所謂詩
你便冠我以詩人之名
我忽然沾了李白之光
全因為有您
在來來往往的詩海裡
我只是一位流浪的詩客
偶然的相遇，慚愧

成為了您門前弄大斧的人

向黃昏揮手

是短暫，也是永恆

金黃的陽光璀璨耀眼

卻敵不過時間的洗禮

在退下火線之際

伺機等待，黑暗終會

在地平線上消失

黃昏過度，光明是一種期盼

我們何須驚懼風光不再

迎面的夕陽，我們揮揮手

再艱難，也在向前

然後回首，一轉身

就在揮手的剎那

黃昏，再一次露出曙光

劉金雄作品

跳房子

單腳跳房子
就是在意你的房子多過我的
不能侵入別人的地盤
必需單腳跳過你的領域
幸好當時沒有高樓

總是可以一跳再跳
從正午跳到黃昏

還記得站在起點
背對天空手中握著寶貝破瓦片
心中暗記那格是你的
千萬不可投入你的房子
頻頻回頭觀望
終於手中寶貝往後一拋

等不及它落地
我回首注視
它竟落在
好遠好遠的童年

2017.10.22

《華文現代詩》第 16 期，頁 122。

讀沙漏

突然明白
萬物的運動乃因空乏
所有都將停止
當沙器被填滿

盈滿流向匱乏
上游流向下游
白晝流入黑夜
黑夜流向白晝

飢餓遂以進食
飲進快樂，悲傷
慾望與貪婪

我不也是一只沙漏
歲月的沙
慢慢填入身體

《華文現代詩》第 19 期，頁 93。

李立柏作品

馬克杯的裂痕

追求大數據忙碌的時代
一杯下午茶
暫停腳步的　空檔
放寬心情　著實珍貴而必要

我執著　絮絮叨叨
每一丁點小小缺失和遺憾
你拿著馬克杯
靜靜啜飲著茶

貪戀　書本的美好
封面的　裝訂的　版本的
你靜靜啜飲著茶
馬克杯的一道裂痕

凝視　馬克杯的
一道裂痕
你低聲訴說是

英國骨瓷店的特價品

馬克杯的　一道裂痕
你低聲訴說是
英國骨瓷店的特價品

實用即可　不需要完美

透亮輕盈　馬克杯
弧度優雅　意料之外
一道裂痕

時間的風采　紋飾與印記

靜靜凝望著
下午茶
馬克杯的　一道裂痕
時間的風采　紋飾與印記

—2017.12.2

曾耀德作品

<table>
<tr><td>

盆　栽

</td><td>

生魚片

</td></tr>
<tr><td>

穿戴束縛的鐵衣

一圈又一圈，纏綿

一生曲折破裂的骨髓

冥想那

曾經冰雪狂傲，風火淬鍊的

滄桑歲月

多少白骨孤魂仍留戀

南湖大山古戰場，靜默不語

讓時光倒流

執以數月的鬼斧，劈下

千年的神功

一身蒼勁骨感，縮影於方寸之間

彷彿深山幽谷在眼前

風在動著…

冰，也凍著…

註：南湖大山的冰河圈谷，仍保存大
　　片被冰雪摧殘及被森林大火燒過
　　的真柏白骨舍利，質地堅硬，不
　　易腐壞。

</td><td>

頭頂的浪花，化為

嫣紅落櫻

身旁的暗礁，轉為

綠葉叢叢

冰雪覆蓋大海，冷凍

看著銀光閃閃

利刃滑過身軀，一遍又一遍

綻放一朵朵捲摺的血玫瑰

鋪滿半透明花瓣

而我

眼睛，仍舊雪亮

嘴巴，依然開闊

思念故鄉的蔚藍大海

卻無力抵抗

《華文現代詩》第 8 期，頁 112。

</td></tr>
</table>

秀　琮作品

研究生人生

身為一個漁夫
每日，在片片大海揀字
有時滿載
有時落空
縱身泡在名詞浮沉
別人讀不懂的夢
由時光沖積，形成一座沙丘
企盼順著浪花
飄向「正確的」彼岸
重新輪迴，著陸
此刻，我是一粒種子
落地，生根
長成一棵永不低頭的大樹

致憂鬱症患者們

你，浪費過多時間
注意路邊滿布荊棘
像個伽利略，執著研究
為什麼被絆倒
經過無數次施工處
才發現
早該往前駛離
而非停在原地，鬼打牆
迴轉
尋覓從未存在的出口

我們真的愛過嗎？

燈光明滅
舞池震動
你搖晃酒杯亂竄
初衷拋至腦後
誓言撕成碎片
曾經相許
暗示心底唯一正解
流連各間咖啡館
追尋最溫柔的守護
說不出口
只用一個個動作填滿
我心底的黑洞
日夜陪伴
回家的歸途不再有你
我們早已是
背對的歸人
我們真的愛過嗎？
喝下濁酒
除此
並沒留下
一絲證據

蔡雲雀作品

基隆河 vs.恆河

1

一條河成了幽冥之路

放了水燈

流淌出七月的禁忌

好兄弟在廟口前

遊盪成一絲遊魂

中元節這一天

具足盂蘭盆節的

因果和業報

不賒欠報應

不賒欠因果

一條河成了救贖之河

償還生生世世的夙願

幽冥之河的祂

蠱惑的祂降臨 到

撒手人寰的回歸四大

一條河幻化成經句

又還原成「聖雄」的國度

孕育了一條河

無法抹滅的冥想

在靜思和淨斯之間

無聲的說法

來去匆匆的生與死

把這四大的軀體

從恆河而來

也回歸到河裡

送走生命那程的這條河

是無量恆河沙

是無量沙數佛

《華文現代詩》第 14 期，頁 112。

2.

秋　雨作品

拂過髮梢的風
有點冷

來不及回首
秋天已擦身而過
依舊走在這條路上
面對被遺忘的事
我們曾經走過的地方
你微笑著　苦中帶澀
攀過這面牆
所有往事從這裡浮現
在我們播種過青春的田畝上
因為想念　憂鬱的日子
讓年輕的心急驟衰老
在秋後的田野上　訴說著無盡
　　的惆悵
而今再也回不去了
輕風拂過髮梢　今年的秋天
　　似乎特別冷

《華文現代詩》第 16 期，頁 135。

無言詩

起風　迴繞你我之間
寄上一頁信函
內裡有我滿滿的思念
一首無言詩　溫暖情絲牽
等待　在下一個早晨
是否　依然記得
我在日落深處等你

月　夜

偷一顆心埋在月色裡
取一瓢飲醉在夜夢中
輕風拂樹梢　心的角落

《華文現代詩》第 15 期，頁 135。

葉怡成作品

夏之午偶記

在眼前臨窗的書桌，
一字排開的書籍午睡方酣，
我並不想打擾他們。
和風帶來了清爽，
更不想翻開那沉重的第一章。

在窗外近處樹影婆娑，
上為金碧下翠玉，
都在微風裡擺盪。
大伙都不說話，
卻有知己的和氣，
這頭不擠那頭。

在窗外遠處小饅頭山上茅草似海，
波濤洶湧卻腳跟吃土很深，
說什麼也一步不離這如球之海。

在天上風忽起，雲捲揚。
看雲，雨不雨，
問風，風不答。

報紙裡總尋不到和平，
這窗的世界卻是寧靜。
在夏之午，在風之懷，
宇宙之大除了人間，
倒也和諧

四　帖

髮
基於宗教裡由，
有女人必須去髮，
有女人必須包髮，
髮是禍水嗎？

一陣春風襲來，
有女人髮在風中招搖，
迷惑心神，
髮果真是禍水啊。

胸
有人主張封了妳，
有人主張妳要挺起，
這有甚麼好爭的？
一位倩女走過，
一波未平，一波又起，
我嘴上說一定要封了妳，
心裡想著妳一定要挺起。

唇
想為妳點上鮮豔的顏色，
昭告蝴蝶花蕊初開。
還想為妳抹上芬芳的顏色，
盼望真愛君子來採。
又想為妳塗上危險的顏色，
警告非誠浪子勿來。
倩女費思量，
空坐梳粧檯。

眼
妳的眼中有我的影，
那個影必定有我的眼，
那個眼也必定有妳的影，
那個影也必定有妳的眼，
這樣下去，
到底有多少妳我
眼與眼的交會，
影與影的纏綿？

《華文現代詩》第 9 期，頁 106。

張威龍作品

夏　夜

夏天踩著風火輪的腳步
五月的雪花繽紛以後
熱浪在背後催趕
太陽酷愛火上加油
鼓譟的蟬鳴，前來助陣

薰風拂來荷香
月光送來冰飲
蚊子在耳邊寫詩
嗡嗡嗡……
牠們的修辭愛用疊字
過於冗長
缺水的筆桿
在我裸露的大腿上就地取材
「啪！」
我賜給牠們
最鏗鏘有力的斷句

月彎彎

月彎彎
彎如一把無弦的琴
擬把心弦
細細牽引
彈來一曲朦朧夜色
淹沒即將潰決的
一波波欲語的心事
人間
我們都走過
回眸
星輝斑斕滿滿夜空
愁悵無人語
夏蟲也寂寞了

黃桂蘭作品

初老症

摩特車拋錨在馬路
發出求救 POSE
(擺弄我的裙襬，露出我的長腿)
英雄們，卻
加速奔逃
輾過落在路中央的枯葉

消失的年代

萬年溪變清澈了
清澈的溪底
卻尋不到柳樹
那是童年的倒影

倒影裡也沒有採菱角的姊姊
也沒有洗衣的婦女
她們交頭接耳的音量
變成呼嘯而過的車聲
2017/02/05

《華文現代詩》第 13 期，頁 112。

拼　圖

這是最後的晚餐
我們試圖還原真相
當圖拼完之後
驚訝不已
原來我們彼此出賣彼此

偶遇

一朵心漂浮於
卡布基諾加肉桂
小間・日常 cafe's
角落，你畫畫的身影
小檯燈罩我怦然的心跳

《華文現代詩》第 14 期，頁 123。

林柏維作品

西南氣流　　　美　聲

雷雨交加，憤懣填滿蒼穹
傾盆而下，怨怒飆飛原野

烏雲相偕雨苞而來，從西南
黑暗交錯電光而來，從天空
急風糾纏濕冷而來，從海峽
雨水淚水一齊沉落嘉南平原

城鎮失守，水流橫行街道
水圳失守，濁流攀爬稻田
溪流失守，逆流攻擊魚塭
山陵失守，泥流撲倒屋舍

雨，不斷鞭笞大地
誰，為台灣哭泣

七個熟悉數字，預約
三分鐘的春天，電話彼端
細膩甜美如畫眉，傳來
陶醉，溫柔婉轉

幸福從打字機逐字敲出
飛舞秀髮：170 級中黑長 1
曼妙身形：38 級草書斜 2
纖纖素手：24 級仿宋平 3
婀娜娉婷：36 級粗魏碑

告辭空中相會
想像與影像一起，破裂
美夢在驚嘆裡，粉碎
我的世界，自動喑啞

顏曉曉作品

黑眼圈

緊閉深邃明亮的雙瞳，躲避
四週暗黑大軍日夜的侵襲

歲月，以小兵之姿葡匐前進
一點一滴，從皮膚縫隙中滲透
無視美女的嬌柔，勞累
兵荒馬亂中充前鋒，日以
繼夜，炮火猛烈攻擊

節節進逼，眼眶四週淪陷
青春的流失只剩老弱殘兵
白皙的皮膚成為灰黑焦土
尚存一息，靈動雙瞳
堅強的兀自與歲月，抗衡

悼故友

越過層層雲峰，不停尋覓
記憶中那泓清澈如碧的潭，是否
住著一朵遺世孤立，勇敢的荷？

開了又謝的金盞，彷彿昨日
才剛告別，相思樹嚶嚶低泣
依舊無法止住思念，紅了眼眶

荷花洗盡了人間的塵埃，潔白
一身，隨著藻萍住在無憂的天堂
從此，肩上再無須扛著千斤重擔

別了！我最親愛的荷花姐姐
不忍轉身，就藏匿在雲峰門外
隨著山巒滿腹疑問的心情起伏
幽幽吟唱，不要告別

推銷

言不及義的交談中
口沫橫飛

陌生故作熟稔
祇想，拔腿快跑

《華文現代詩》第 14 期，頁 99。

林念慈作品

斷　念

疹

蛇向肉身需索位置感覺
或記憶
環狀的愛情
精緻的疼痛
萬般性感的戒疤
一點點啃噬一點點埋下
痂　與神經細微處的風聲
牠偶爾也會報信：思—

枕

蛇向夢境漫溼
纏繞誰的無名又無邊
溼答答的黏液滲滲滲滲滲
滲到了下一層下下層下下一層的
無間
佛偶爾垂降那條救命索
蛇不選擇救渡蛇更愛妖嬈的
打一個死結

診

蛇偽裝成聽診器
盤誰的頸試圖麻痺誰的心律
情人的血清還遠遠不到
浪漫的毒牙又狠咬了一口
　　　（真的只是一口）
就得竄逃著長長的念頭
長長的想　長長的藏
蛇始終不明白
以口對心
何必問斬

胡淑娟作品

悟

木魚前
繚繞的煙
是 斂眉如來吐出的氤氳

妳回眸人間
發現起心 就動念
實有竟虛空

方才了悟
肉身只是寄宿的蟬蛻
而靈魂
終成脫殼的翦影

憂鬱症

妳的心是侘寂的鎖
鎖孔扭轉自己
成細細的縫
背後隱藏了深邃的黑洞
吸進所有鬱積的思緒
撕裂 壓擠
連 光也無法逃逸

鬼

妳喜歡當個隱形人
裁一疋風做衣衫
而飄移的影子
就權充妳的身骨

《華文現代詩》第 17 期，頁 101。　　　《華文現代詩》第 16 期，頁 122。

播種與賞玩詩人

彭莊(彭正雄) 作品

詩刊是另類的存在

詩人努力採擷如花的文字，
以腦汁釀造成蜜。
它收集這些各色花蜜，
提供讀者品味欣賞。
你若覺得甜，
它就覺得值。

百合在山坡盛開，
它探訪那抹純潔，
讓美麗得到展現。

幽蘭在深谷綻放，
它搜尋那股清香。
讓芬芳散播更遠更久。

年輕世代的羞澀與爆衝，
需要抒解救贖，
它鼓勵了一首詩，
讓青春明媚而純真。

銀髮族走過荊棘的歷練，
需要榮光印記，
它肯定了一首詩，
可以封存美好回憶。

當一個人打過美好的仗，
需要標誌紀念，
它支持了一首首好詩，
作為每個人戰勝自己的勳章。

它也許沒有雨露滋潤大地的力量，
它也許有春風吹醒大地的力量，
但它至少有那麼一扇窗，
讓寫詩的，讀詩的，
可以看見窗外有藍天，
可以讓想像飛向海闊天空。

就算沒有太陽照耀溫暖大地的力量，
但它緊緊守著僅僅一點的飄搖燭光，
只要那光還亮著，
希望，就存在著。

它，就是如此存在著，
絕對謙卑，
卻又無可取代的頑強堅持，
極度渺小，
卻又無可救藥的自信樂觀，
它，一本詩刊，
真的是非常另類的存在。
《華文現代詩》第 10 期，頁 133。

葉日松作品

月光灑在記憶的封面上

月光灑在瓦屋上
灑在池塘上
灑在小溪上
灑在露珠上
灑在回家的路上

月光灑在彼此的頭髮上
灑在我的詩稿上
灑在我家的屋頂上
灑在屋簷下的農具上
灑在祖父長眠的崗陵上

月光灑在故鄉的牛車路上
灑在我記憶的封面上
灑在剪不斷的親情上
灑在遠方的思念上
灑在喚不回的禾埕上

有情的月光
有愛的月光
溫暖的月光
無怨無悔的月光
圓融的月光
消瘦的月光

為我療傷的月光
永不褪色的月光
陪我歡笑的月光
陪我流淚的月光
歲歲年年

月光灑在每一個人的臉龐上
　　　2015 年元月十五日
寫於花蓮市海岸路

《華文現代詩》第 5 期，頁 47。

万俟龜作品

十塊錢

十塊錢價值不大
作用可大得很

可以滄海桑田
可以移花接木

露奶擠乳的 model
搔首弄姿的貴婦

道貌岸然的政客
正義凜然的小丑

振臂高呼的口號
荒謬可笑的制度

不管如何精心上演
只要十塊錢就能
通通將你們一一看穿

《華文現代詩》第5期，頁84。

情人節

紅色情人節
白色情人節
七夕情人節
二一四情人節

那麼多的情人節
一生到底該有幾個情人

火紅熱情的情人
純白聖潔的情人
鵲橋暗渡的情人
999朵玫瑰花的情人

形形色色的情人
我們會是哪一種組合

情人與怨偶

妳問我
算不算是情人

我想是吧
即使不是
也比怨偶來得好

我們都不擅長抱怨，或許
這是最適合當情人的

《華文現代詩》第6期，頁94。

劉祖榮作品

勝利女神

頭顱哪兒去了？
那鷹的銳目，帆的鼻樑
牡蠣一樣誘人的厚唇……

但好像又不缺少什麼
她矯健的步伐充滿著無視刀山
　火海的自信
敞開的翅膀
盔甲似的羽毛已鼓足力量
她紗袍下均勻的大腿肌
飽經戰場或馬拉松的錘煉

沒有頭顱並不影響她
── 永恒的勝利
她屬於每一個敢交托頭顱
無懼生活之人的軀幹

（勝利女神是法國盧浮宮的鎮館之寶）

米羅的維納斯

海之女神
屹然脫下華麗的緞袍
她眺望前方
風掀起億萬朵熱情的白浪

她緩緩邁向海岸
感受到細沙親吻腳板的溫柔
身後雷霆大怒的宙斯
揮舞著權杖在吼哮
「回到我身邊來
蹚了水，你將永遠失去雙手」

她優雅昂起頭
美因堅毅而光芒四射

（斷臂維納斯雕像是法國盧浮
宮的鎮館之寶）

《華文現代詩》創刊號，頁94。

官　愛作品

雜　草

玫瑰花怕我搶走陽光
說我是雜草
水稻怕無空間隨風跳恰恰
說我是雜草
各種農作物怕我吮乾田水
都說我是雜草

每當自卑伸長了頸項
遙望祖先
多少支鐮刀割過
多少雙腳印踐踏
多少除草劑噴灑

那種求生精神
激發起我的草根性力量
石縫中我扎根

山溝邊我扎根
夢中我也叮叮咚咚扎根

我無所不在扎根
為了日照雨淋
做一個浩瀚的草原夢
不管別人用什麼眼光看待我

我扎根，不輕易萎去
想用青絲織一件衣衫
披在我愛的土地身上
不管別人以什麼名字呼喚我

《華文現代詩》創刊號，頁96。

楊采菲作品

生命的簡短記事　　　念　舊

你以為自己夠認真生活　　　　　你愛過的人

列車停靠，豌豆彈出豆莢　　　　在手機簡訊裡住著偶而

曝曬不足霉味滿溢的皮囊　　　　在電子信箱偶而

沖馬桶般流走　　　　　　　　　在臉書訊息偶而

剩下看來圓潤卻發皺　　　　　　在塵封的小信箋偶而

飽滿到爆裂的綠　　　　　　　　在你的書頁偶而

負使命四處尋壞紮根　　　　　　氣跑一些現任情人

逆行車次經過　　　　　　　　　無性生殖

啵啵啵啵啵　　　　　　　　　　每天分娩出更多

橫屍遍野，你委身　　　　　　　你愛過的人

一一撿起自己

以為這樣就算數了，這樣就算

認真活過

《華文現代詩》第 3 期，頁 96。

賴思方作品

快樂的出航

海藍微亮
風走過來牽起卷雲
堤防上燕鷗輕盈隨行

港灣裡的你離岸
還是歸航
水波不需要知道
乘載希望穩穩的迴轉
你給我一個閃亮的笑
原始林裡

樹 菇

葉子悄悄然落下
大自然一針一線織繡
熟悉透明體
雲肩披在枯木身上

我繞著一圈一圈年輪
一方清心一方自在
樹一生，美麗的註解

《華文現代詩》第 11 期，頁 106。

早安・日月潭

夜鷺守了一晚的湖
離去前銜起一片魚肚白
聆聽，曲腰魚跳躍水面
劈啪劈啪恰巧落在晨曦節拍上

露水微笑著滴落成界線
那邊是月芽夢境
這邊是日光仙境
我漫遊在線的兩端

貓囒山老茶樹，傳送
發酵淬煉人生甘露
沿著質樸路徑
輕輕吻著翠綠與藍天
擺盪純粹自然，像呼吸

漂流木

接受風雨告白瞬間
離開熟悉土地，啟航

年輪在漂流國度停滯
悵惘疲憊渲染陌生水域
向風許願，找到最真的自己
不再流浪

《華文現代詩》第 12 期，頁 135。

龍　妍作品

十一月女孩　　十一月的歌頌

十一月的心痛，隱隱　　　　　還沒忘掉遍山油桐
消澀於你漸淡的蹤影　　　　　轉眼就要告別秋楓
冷冽的寒風，吹皺滿坡楓葉　　怎捨得那醉人的逝也匆匆
低頭飲泣，飄零落寞的楓紅　　讓回眸留下一抹嫣紅
蹣跚的腳程，猶徘徊個秀麗高峰

　　　　　　　　　　　　　　妳說，秋意翩翩不曾遠離
古老的傳說何處敲響　　　　　一直在心眼凝視的風中
荒野的山林可植有常青樹　　　白雲還會帶來一絲遐想
遮蔽一點點風吹雨淋的心痛　　秋陽猶留一絲絲溫暖
流浪的雲，可載得動這輕愁　　人生，還能有秋思多久？
莫讓山谷迷離那思霧濛濛　　　北回的鴻雁請告訴我

蕭瑟的寒冬，北風呼嘯　　　　別讓露凝的早霜澆涼秋詩篇篇
吹亂春夏流連的情種　　　　　即使霜雪白了天邊的嫣紅
禿了山頭盎然情衷　　　　　　還有我，為十一月歌頌
誰與我一起等候　　　　　　　請留下腳步，讓我沉睡
春雨澤披的綠濃　　　　　　　讓我沉醉，在明月的心懷

《華文現代詩》第 3 期，頁 75。

莫雲飛作品

<table>
<tr><td>

緣　份

突然又想起了
那已折翼的愛情鳥
被墜落在沙漠的中心
為漫漫的渴望而掙扎……

直到天使的出現
借出翅膀
慢慢地
在天使的懷抱再度展翅

天使溫柔的臂彎
雖然把她的傷痕都撫平了
讓它能再次飛翔到愛河之上

可是天使必須返回天堂
愛情鳥只能懷著夢想
眺望
自己永遠飛不到
遙遠遙遠的地方

我不再想
拍著翅膀
追趕上愛情鳥……

《華文現代詩》第6期，頁129。

</td><td>

心　動

無法抗拒
那火焰
把心海燃燒
如同將太陽
替代了心臟

為了妳
我希望用
神奇的法術
把心裡的
遲疑　　膽怯
都燃燒成
想念妳的能量

心意動時
我想不顧一切
躍上那白馬
帶著
用激情與愛意
冶煉成的寶劍
決心攻佔
妳愛的城堡

《華文現代詩》第2期，頁10。

</td></tr>
</table>

綠　茵作品

自取滅亡

天邊又抹上淡淡的胭脂
疲憊不堪的夕陽
揹起一包袱悲歡離合
又準備漂泊到他方

臨走前它閃著淚光的話
意味深長
我做的一切都是默默的
有苦有甜
更多的是自己
咀嚼著心痛吞咽著悲傷

每日天一亮
我背上一大袋
裝著無數不同的希望
灑遍每一片向我招手的土地上

期望地
靜靜地看著
等著你們實現夢想時

快樂與滿足的分享

夕陽眼中閃出最後的淚光
我雖然看到不少
為迎接希望而展開
美麗的翅膀

可惜也見證著不少飛蛾
撲向自取滅亡的一方（註）
夕陽遠去的嘆息
在夜空幽幽迴盪

漆黑的穹蒼
默默守著自己的崗位
仍在等待帶來希望的
第一線曙光

註：用的、食的都有毒素，人都沒
有了良心。
《華文現代詩》第 5 期，頁 109。

陳子敏作品

窗

一個童話故事精巧呈現
帶著人的夢想延伸到奇幻世界
窗，一幅待描繪的圖畫

窗，劃出世界邊緣免除人無謂想像
窗裡是美好配置
框固定它們使諸物顯得實在

契　合

心頭一縷牽繫，遠方一聲鳥鳴。
思路暫時停頓，時鐘平穩滴答。
意念一個轉折，天空突來雷響。
想望順自著生，雨絲紛紛落下。

母性的聲音

　有種聲音出自母性情懷
長自聆聽直墜深遠記憶
女人的細膩觸動深在靈魂
被母親擁抱生命永遠夢想
童少，人生起始一刻
慈母，全般訶護
心中永難忘懷的鄉愁

靜　持

數千年的坐持
靜待
有緣無緣來來去去
世間從未改變
生命依是無常
只我拈花微笑
靜如永恆
絕對即呈相對
相對即是幻相
穿透眾生的眼
悟了嗎

花　開

寧靜
宛如破曉
和緩
幻似驚雷
一幕大自然初創蘊含多少奧秘
生命
創世結晶
含苞
宇宙初啟重現
回歸源頭
多少人不世的夢想
日日在身邊發生
忽略而過

《華文現代詩》第 4 期，頁 66。

若　文作品

截稿時間

1.
任何徵文
都有截稿時間

錯過了就得
繼續等待

每一分鐘
都是黃金時刻

隨時自我挑戰
無限的可能

2.
人的一生
也有截稿時間

沒有稿約當然
也不會有人催稿

如何編寫一齣劇本

《華文現代詩》第 10 期，頁 10。

城市咖啡

一座城市剩下
只能用來買杯咖啡
也挺不錯的

起碼，還有
糖與奶精的味道

雖然，少了風雨調和
稍嫌單薄了些

只要唇舌猶帶軟香
就足夠讓感覺回溫的

《華文現代詩》第 10 期，頁 10。

金　筑作品

後現代

把現代主義的思維
棄擲重重的異議
企圖衝出另一種花俏
而無規格的現象
謀反於世俗性和社會性
產生虛脫及疏離的情緒
⋯⋯

故意釀造
沒有規格　沒有律則
顛三倒四的措舉
如興發的劇場
沒有劇本　場景空杳　胡言亂語
浪漫出軌的肢體亂碼
⋯⋯

敲定一套自認嶄新的質疑
向一切訣別　自己也是訣別對象
鑄造新的怪特詩語言
和一些不倫不類的歪想
有科幻　環保　電腦　後現代詩
以及天馬行空
⋯⋯

後現代到底　模樣誰何？

你不知　我不知　問他們也無所規範
可能是新的實驗
新的看待　意見的隨想　風潮的流行
難怪今日
憂鬱症　躁鬱症　精神病特別多

2014.4.10 校正

新春頌語

捧著歲月的辛酸
步向光陰的那一端
點燃未竟的不變意象
穿梭於 101 的天空
羊羊得意的開始
酡紅紫綠的滿天煙火
飛舞世世生生的蝴蝶彩姿絢燦
越過艱難辛苦
追尋永世深遠的夢境
切盼未來的韶光
更美麗更開花
我默默的祈禱
祝福為您

2015 春

《華文現代詩》第 5 期，頁 76。

魏鵬展作品

射燈的熱力令人很痛

我不是舞者
射燈的熱力令人很痛
我赤腳在沙石上跑
沙石很尖
血色的路沒有盡頭
格子很小
格子上爬來爬去
專注於高低抑揚
我知你一直在聽
抹去口紅　脫下最愛的華服
在最少光的地方彈奏一曲

2015.1.18

我在天台上一直走

我坐在天台上
視線一直尋找最舒適的位置
我未走過鋼線
但我知道最安全的
最遠的一點
我看不到平地
在最高的位置一直走
一直走
一直走

2015.3.23 夜

面　書

我知道對着牛彈琴
搖一搖尾巴
得不到打機的喜悅
布娃娃丟在地上
行人踩過
我按了惟一的讚
嘴巴都已生鏽了
畫一畫屏幕
都市的嘈雜變成無聲
無聲的空室的大叫
沒有回音
跑過清晨的公園
陌路人揮一揮手
我發現路邊的柳樹
有綠葉的氣味

2015.2.22 深夜
《華文現代詩》第 5 期，頁 89 。

季　閒作品

燈　塔

如果站成一桿路燈
過盡的千帆就成了來去的鞋
鞋聲來去　在魚火與星斗之間
這　夜裡　海上的紅塵

撞見老友

抬頭忽見，你隔著車窗向我招手
來不及拿出手機，只能讀你唇語
不知你說些甚麼，依然回你：
　　含笑點頭
鈴聲響起，兩列火車各自西東

無　憑

閉眼端坐禪之上
巨大的虛空忽地罩了下來
睜眼卻見一枝瓶花，往最繁華處
落了下去

山水有無中

遠處有霧，更遠處是雲
看起來無悲無喜，但
山寺晚鐘卻招來
有心歸隱的落日，空谷夕照的
色相引我遐思一整個黃昏

近晚，才從慵懶中踱了出來　卻又
聽到
水邊舟橫處飄來一闋
無精打采的
聲聲慢

初　雪

穿上一身白只為赴約，卻
來不及問：怎麼還沒開花？
就已落地
窗前那　瓶裝的梅枝啊
當場愣在那兒

《華文現代詩》第 3 期，頁 69。

盛中波作品

一隻被遺棄的寵物貓

一隻被遺棄的寵物貓

整日在小區裏遊蕩

恍若衣衫襤褸的乞丐

獨自走在荒野

我可憐這只貓

在牆角給它搭個窩

給它餵吃餵喝

頓時反對的人

刮起了沙塵風暴

它不是一隻生命嗎

難道是枯萎的一片落葉

它過去是逗主人喜愛的

開心果和解悶藥

冬天的小火盆

夏天的檀香扇

只是現在風竹殘年

風光不再

垃圾般被掃除了門

我苦笑並有一絲擔憂

因爲我從這只貓的眼裏

看到了一個孤獨的老翁

步履蹣跚的行走在荒漠中

幾乎是一瞬間

世界變成一片白茫茫的雪原

我的心一下掉進了北極

吳錡亮作品

揮別 2014 年甲午

別再敘舊了，何況無可救藥
那個年代給了噩夢收拾了，只剩一盞
夢影殘留，回想老天不應該保持緘默
讓一隊水師洩漏那斑駁的黃海
及幾枚被毒啞的炮彈，直到支那人
一聲槍響，白紙黑字推敲黑水溝的遠距
最終傾了島也傾了嶼

別再汙衊了，彷彿讀著昨日
攸關那牆壁裂隙，我從 120 年前來
無法帶走記憶，你們掌上詩抄般的條約
加深零星的槍聲擴大戰場，地溝油一燃燒
玩笑開得突然，這齣戲劇的變化
喧嘩促成改朝換代，嘔得官員過度的早讀
決議陷落我的無義

別再提我名與姓，今晚是最後
讓乙未消耗龐大日曆流量
並慰藉我的致哀

《華文現代詩》第 4 期，頁 93。

關於白老鼠一些實驗

鮭魚返鄉那一刻起
牠躺在敗德的河流上
循著氣味相投密道
放一堆雞屎

不知情我們，誤聽
關於產卵延續生命的方式
錯把最頂新的正義
擁有黑色幽默那樣
汙染皮下組織

於是我們的胃逐漸的穿孔
沸騰無感的現實
呼吸之間，地溝流出油質
狂濤而驚恐不已

《華文現代詩》第 3 期，頁 74。

潘峰進作品

月光激動了起來

太平洋颯爽的輕風
撫慰了傷痕委曲
熱氣球慢慢昇華　地球也開始鬆動
戀歌低鳴沉吟　是你我相戀的宇宙
細密的音符在腦海中迴繞
愛伺機而來消融了哀愁
總在你的笑意裡　瞅見我的天空

寓意漫天的山水倒影
凝望夜空的角落
追憶著點點繁華
星辰閃爍著愛的輝光
串聯美神底情鍊
奪人目光　震懾心房

從現實走回記憶中的自己
側著臉卻瞧不見風霜
像一尊羅丹　橫超三際
照亮暗夜　重拾失落已久的堅強

放縱慵懶底月光激動了起來

大地就有了　愛
心的莫名角落
從此放晴

北回的夜

列車向南奔馳
迅速拉近遠方的星光
承載旅人的風
深沉落腳在水上
思緒綁票著記憶
拔林輕颺
永康保安，永保安康
歸人何處尋？
殘月斜掛九曲堂
徘徊南方
倚靠夜空中的鴻雁

無夢飛翔

成 碧作品

藍色的黃

月亮黃色
蚯蚓藍色
懷舊的土壤移植杯水
　　（單杯容量 240ml，車薪 500mb）

的士（Taxi）黃色
公事包藍色
月台牆上指針指向虛有其錶
　　（12 點 28 分 57 秒）

嘔吐物黃色
舌苔藍色的
逝去的
腐朽的
永不低垂

次日清晨醒來工作
工作無性生殖
工作缺乏顏色

只在夢裡遇見童年了的自己
個個都是色盲

*詩題引用許程崴同名舞蹈「藍色的黃」。
《華文現代詩》第 7 期，頁 105。

月 牙

突如其來的衰老
讓時間蠕動

殘

秋泊於石
落葉回眸流星飛逝
饞，非病

萌

薄霧催逼
紅髮漸次翻白
嫻熟的手勢難掩孤鴻
非賣品以特價正名

《華文現代詩》第 4 期，頁 87。

蔡富澧作品

雨中的蒼茫　　　　雨中的蒼茫

秀色掩不住歲月的蒼茫
幾點星霜
抬起的眼眸看見飄忽的白花
在風裡招搖
美麗是多麼令人欣喜啊
歲月難以留駐
小路走著走著就到了
盡頭

回眸有一席暮色從臉頰升起
滄桑多年後才露出痕跡
半部心經已刻在平鋪的花色上
一瓣一瓣都是叮嚀
墜落在遠離之後紛紛而下
軌跡是一根軸線
召喚生命於不可企及的遠方

我們相遇太晚相識得太快
兩個齒輪瞬間咬合而過
那時我容顏上的蒼老
為你儲備今生的相知與傾慕
無怨輪迴和等待

《華文現代詩》第 8 期，頁 73。

雨一下，世界就蒼茫了起來

聲聲滴落，滴滴傷魂

昏暗天地成了帷幕

心事在上面投影出時間的縮影

生命幾經跌宕，遠的就模糊了

近的又摻了許多遐想

藉以彌補千般的不圓滿

雨勢滂沱，蒼茫的世界

一時還清明不了

窩在屋裡，只覺周身都已濕透

一滴滴，流逝的是生年

所有不平與寒仄

渴慕與失落，秋水共長天

在旋轉的水漚漂浮

雨再下，世界就更蒼茫了

104.05.07

《華文現代詩》第 6 期，頁 72。

心　華作品

茉莉人生

不像仙人掌頂著一盞陽光
也非荊棘，環繞一身無常
逢迎暖春
只是暗暗飄香的那朵
女人

你磨，故詩在

研讀你
雙眼波光游來一尾會笑的魚
小嘴吐露傲骨的秘密
晨起品味一本佳餚
有你慢磨的墨香
與眾人的精髓
連結，一條永恆的詩臍帶

牽　手

如何閱讀
兩三句，輕描淡寫的牽手
等待楓熟，烙下
比唇還要鮮豔的紅

直到髮白如雪
掌心的溫度，一如當年

曾大龍作品

文字逃兵

字與字的排列，推擠
到現在還是擺不平
我被這些硬底子，狠狠地
賞了好幾記耳光

無法緝捕到案的，只好
放任它繼續逍遙法外

動　念

從西天而來，琉光
投射於水中央，無我
禪淨的底蘊，遂
成了朵不染的蓮

才歷煉了一曲蛙噪蟬鳴
八風吹不動，桑娘
只輕輕地點了點水
便，又是一場紅塵

《華文現代詩》第6期，頁105。

希　望

月隱星淡
每一盞漁火點點
皆是無明之中　迷失
方向的指引

告　白

愛情宣言
鋪陳在信箋一隅
我看見幸福的身影
斜映在轉角不遠處

《華文現代詩》第4期，頁48。

劉曉頤作品

像我只剩一口氣

總有些時刻像一個人來到
已熟睡的海岸
只呼吸一個名字
只為胸口的玫瑰綻縫，夢見
這裡有坦然而深邃的答案

你嫩綠的眉睫黳影有雨
風景尚未錯別，但燈塔
已經跌進去
像我只剩一口氣能想像
你的草坪，你均勻如歌的鼻息
多少青春的流亡死於
那天琴鍵的撫痕
像我，我在
我在這裡，我搖搖欲墜
電話亭失去方位
全世界只剩一組線路
直抵你的心你純無駁質

「現在我什麼都不要我只要你一一」
像我只剩一口氣

《華文現代詩》第 6 期，頁 75。

不小心

貓咪蹭翻花瓶能說是故意嗎？
再昂貴，不及那抹懶洋洋的笑
玫瑰失了水分嬌縱
得到小王子終始傾心的眼睛

浮念

我在雨前忍住自己
那樣的輕，而已
霧氣漫瀘寫字的小閣
每個方位都有你流浪的名字

《華文現代詩》第 4 期，頁 48。

明　白作品

有關土地兩首

一、詩　人

所有的時間都是詩人
每一寸土地都是詩人

質與量的向度鑄造
光與影的流轉醞釀

花與蜜的結合
海與淚的成份

所有的文字都無法測
任何的想像都歸零

二、土地公

小小的一毛四
頂多似二毛一的所長
這樣的官階顯然不夠看
芝麻綠豆的衙官
卻不能一日沒有他

小廟也有大菩薩
任他眾人競折腰
香煙繚繞
依舊是坐而不動
慈眉善目笑傲人間

《華文現代詩》第 4 期，頁 113。

白帶魚

不是風動不是幡動
想必是仁者食指大動

沒有千尋鐵鎖沉江底的鋒火
只見石頭城飄著一片降旛

驚破霓裳羽衣曲後
不見玉顏空死處的白練

不作龍困淺灘
你躍入盤飧驚動滿座狼藉

白　蝦

游過了太平洋
似乎就不再熱血了
透明而白的身軀
還有多少熱情？

目測不出
絲毫喜怒哀樂
只能以高溫滾燙
將你的一腔愛恨還原

四隻白蝦
一口即通徹的領悟

《華文現代詩》第 6 期，頁 132。

陳興仁作品

天空之橋

妳從水裡來，我等在畫裡
妳衣袖如飛瀑款擺
我在深淵潛行，藏千年明珠

蟬聲入土，汲水的小僧何在？
蝶未成蛹，問風何時？

妳卻說
寒梅著花，畫上的字亦香了
我來，造一個風雲
送暖暖的細雪，留香
留人……

山與山各自有夢
我纓足具清，沉睡至久
為了等妳，上天空

無　題

女兒紅釀在黃昏裡
未開封的月色最醇美
宮燈深處
鑼鼓曾經敲響一月的花轎

天燈行過無數山頭
雲雨落在塵囂
妳顰眉　案上的馨香冷了夜
在天曉時話別

一盞一盞本該有囍
胭脂尚有昨夜炙熱的唇印
心口上　無奈燭光明滅
詩人的天涯　妳不會懂

三月　妳獨鍾
苦楝的繁花及楊柳依依
若到十月結子
也只好將風流放逐

徐享捷作品

偶興（俳句九則）

一、窗前一朵玫瑰

籠絡了窗前
款款，尋花色花影
羞怯的芬芳

二、群峰上

天光的波動
雲影的逗撥，吶喊
生命的行色

三、礁岩的浪濤

海，驚濤駭浪
演一部一部歷史
日月的呻吟

四、草本繡球花

春天，組合了
冠狀花序——繡球，織
每分寸風景

五、窗前山嵐

午後，山嵐醒
隱約，松濤吻青翠
流光疏影，漫！

六、破曉前湖畔

佇立湖畔，聽
湖水呼吸，納萬籟
我捕捉迷魅

七、秋聲

木橋、溪聲，牽
枝葉灑下金黃色
譜美麗秋聲

八、森林的呼喚

野性漫荒山
葉繁、微風、光暈，如
柳，浪漫的想！

九、大草原

青草的顏色
收藏雲影，尋岸泊
拂風的本事

《華文現代詩》第 6 期，頁 124。

知　秋作品

流金歲月—此岸

喋聲的瓦厝，禁不住時間底流沙
撕破日曆的臉，赤裸裸的牆沒有一聲疼

還聽見昨夜滴答
滴答、滴答，是問？是答
扁擔挑起一肩的浮沉，跨過
緣份的海溝，濕了整身忐忑的寒

揉一團月光入餡
缺了初一的虔誠，多了十五的羈絆，怎麼圓滿
串起燭火恍惚的身世，尋覓真相
前庭雪、瓦上霜，為誰辛苦為誰忙

寧是一隻槳，將己身渡到彼岸　　　　　　2014.03.14

失去傾聽的夜晚

有時是動詞，有時就只是一個標點符號
我是一組平常通用的辭彙
當我被重新賦予，我成了另一行造句
一篇現代小說裡的某一段某一行列裡的某一句

這支龐大的文字軍，將擁擠的孤獨挾持在無縫的世界裡
一個失去語言的思索者，貧窮的文字奴
灰塵為他深鎖的門扉加了註記
再沒有筆墨為他描繪聖徒的墮落凡夫的奇蹟

時空無窮無盡一無所有，我開始重新解構自己
自象形文字的遺骨中敲擊出火花，近乎狂野的錯亂
喋喋不休的文字魂流落成他鄉的浪人
就在那樣一個失去傾聽的夜晚　　　　　　2013.01.07

《華文現代詩》第5期，頁81。

楊穎鋒作品

落下在
草原上的雲彩

飄飄樹的影子

融化在春水的道路上

從他流過來的地方

那是我的家鄉

大門外的天空掛著

泉水的眼淚　飛越巍巍的

高山與流雲相對

一片花落在夢土裡

送來濃酒的歌聲

做了海的墓野

我曾凝睇那寬深的水裡

朗誦詩句的流螢

那是我的家鄉來過的地方

《華文現代詩》第 18 期，頁 113 。

艷遇

佇成了一棵樹
不經意地蝴蝶駐足
驀然發覺
不過是根瘸了腿的拐杖

渡

撐篙而過
只見撥開的兩行水波
那中間無痕的留白
卻是行深的足跡

《華文現代詩》第 15 期，頁 150。

鄧榮坤作品

年

青春自染髮劑的虛偽中甦醒
黑褐的顏彩掩飾年齡的私密
生命因為女人而找到出路

胭脂厚度遮掩青春的午後
髮的雪色自髮根竄出
越來越細密的魚尾紋
如心事，已無法抹平

補妝技巧的熟練
讓刻意壓縮的年華
清楚知道少與嫩的往事
如風沿掌紋滑落
留下的是老與
皺的遺憾，還是驚醒
脂粉貼緊臉而釋出的青春
也無法融化已
封存的嫵媚的矜持
因為中年近了，更年期近了
皺紋間的距離也近了

《華文現代詩》第6期，頁128 。

橋的記憶

斑鳩自沿著眼眸的邊界
飛過村落的樸實與
村婦臉頰滯留的
淺淺的脂粉。而我站在
百年前的記憶中
搜尋挑磚男女踏過山路的容忍
搜尋遲遲不肯自
臉頰滴落的汗珠
搜尋在黝黑的肌膚紋理中
自厚實隆起的繭的粗糙裏
囤積的悲歡

橋還在，記憶就還在

在大興禪寺鐘鼓聲的回音中
選擇一個可以放逐憂鬱的晨昏
側著耳朵聆聽
遠去的曾經輝煌的歲月
記憶從遙遠的泥淖裏
緩緩回來了

《華文現代詩》第7期，頁83。

張綺軒作品

映月

月，走向你
落入河間
菅芒像你走失的秋末，正放
典當在貓躡行的巷弄

木椅張望木椅
拖拉影子，繁複波西米亞
聆聽至脈輪
長在水間的你，如芒
輕落，散走的窗

一片簷瓦，半身秋
走向你，貓
沉落河間

青桐

夏，過青桐樹
他在悲傷裏看妳，像青桐
看著花落

滿季茫白，撐起祭典
瑰麗五月雪，步履
以祭品的虔誠
經過

妳在泥濘地面望桐
一念，生離
恍如葉舟

《華文現代詩》第 12 期，頁 135。

出 軌

像兩個毀壞的玩具

躺下常常是唯一的遊戲

卻不知該從哪裡開始

路過彼此的勇氣，如

燥熱夏季，雷雨交加

令人顫慄窒息

想好好愛你，愛上

背離的自己，和鏡裏

找不到的自己

《華文現代詩》第 10 期，頁 131。

胡子欣作品

雨

之一

上帝
不過是打個噴嚏
怎麼就　大雨滂沱
制止不了　這天上來的水

之二

仔細聽著　這雨聲
滴滴答答好美

最美的　不是下雨
而是一場不期而遇

之三

昨夜　雨來得匆忙
今晨醒來　推開窗沿

看看有多少雨滴
躲進我的屋簷

《華文現代詩》第 8 期，頁 132。

蓮　岸

蓮，淨素留白
幾盞黃芽，半步搖曳
這，葉田的錦袍
竟如此飄逸了裙擺

不知道，是不是孤行
說妳寡言，萬塵嫣然不弄妝
卻靜默成一朵蓮……

2016.06.16

《華文現代詩》第 10 期，頁 109

秋意

你是那裡來的遊子
思緒如風脫了韁
總該有個表情
我偶爾路過
補捉到你
的眼神
想要
問

這次你來了
會不會再離開

《華文現代詩》第 7 期，頁 113。

李恩典作品

泥 土

被落葉扶正又躺回
陳舊的皺紋被覆蓋穿越
千里一張臉起伏者山岳水靈
隱身最無痛的感情脊椎鬆緊
被耕耘

不再能純真的懷孕
傷口有黑洞的淒屬
一次紋身一次刺青
一次被侵犯分裂
反覆著

山海為我哭了
天崩潰著給風狂笑的逆語
膿吐在隱密的暗層
而生命還在為我喘息
瞪著眼翻滾
結紮與不結紮皮肉見骨
我是沒有個性的母親寵愛著
逆性傷痕懦弱自己

註：此詩為蘇迪勒颱風
　　形成災害感言

歲 時

降壓 360 度
骨頭暗然退色
頑石駝背
悠悠的風景悠悠睡去
讓鳥兒與嫩綠化妝歲月
最初的心是緣分

星星點點絲絲瀝瀝
落筆深刻
那把刀擱置在日記
鬢髮與喜鵲會議
留一雙腳印反芻空氣
橡皮擦的眼睛
神拭著淚

翻讀紅色水珠誤讀炙熱
愛原來需要貓的溫度
像尾巴慵懶擺渡

《華文現代詩》第 7 期，頁 104。

湛藍琴海作品

萍柳相送

原以為只是萍水相逢
但在相觸剎那波紋蕩漾
我願折起一隻柳相送
但你卻無法承受柳的情深意重
因此你與柳一同 ——
沉沒……

但浮萍上卻能載動許多愁
與
寂寞……

望　向

你駐足於沙場
望向蒼灰烽煙
你駐足於窗旁
望向純白醫院
你駐足於街巷
望向漆黑殯館
我含情脈脈地望向你
你的眼波泛著銀河……

沉默的錯誤

　—— 世人說

都是他的錯

我企圖反駁

但卻被強迫頷首應諾

他們要我

進行以下步驟

　　（低下頭）

　　（弓起身）

　　（身體蜷縮）

再將我

撐

成

螺旋

硬生生鑲進

愈漸扭曲狹隘的世界……

寒 林作品

阿姆斯特丹的河船

兩行河岸的綠柳伴著運河裡的河船
行過許多微微拱起的橋
我們一路尋訪古老的宮殿
安妮的家在右岸

我們上了岸搭了街車
又看見了運河裡的河船
看見以河為街以路為岸的阿姆斯特丹
這就是瘋子畫家梵谷的故鄉

看那海港入口那座開合美麗的橋
已走入世人的畫夢中
那夏日的絲杉燃燒的麥田
那無盡延伸的向日葵
正向默默的太陽傾訴著怎樣的傷感

運河裡的河船
行過許多微微拱起的橋
看見以河為街以路為岸的阿姆斯特丹
看見了瘋子畫家梵谷的故鄉
那是畫如夢的田園
那是床如囚牢的晚年
始終難以讓我聯想眼前垂柳美麗的河船
那樣處處可去
出入自在的美麗的河船

這真的就是瘋子畫家梵谷的故鄉？
找不到生命出路的晚年

《華文現代詩》第 10 期，頁 80。

紀州人作品

米 酒

澆淋在傷口上
消毒的痛楚
可以換來一場
辛辣的暈眩

楓 紅

耕耘、灑種
只為收穫
一樹的
思念

悅 讀

看文字走進我眼眸
又盪漾在心頭

瞧
漣漪正泛起一波
彩霞的浪潮

收 割

鬢婆
拿著電動剃刀
從新兵頭上
刈下一分分的
沙金

單親爸

用無法分泌乳汁的胸
哺育這一窩雛鳥

白髮丘陵

搔破了界線
也找不到一個註解
隆起的犀斗
像橫生的山丘
擋住去路

山漥很深
看不見底只見
倒影

那未完成的

你的成就還在
當年的會議桌上發酵
沒有人能超越

你的掛念還在
當年的會議室裡上映
沒有人能批判

你相信人定勝天
你相信自己只是被絆了一腳
所以輕輕的摔了一跤

你的時間
停留在西元 2010 年秋季

你的身影
永遠的惠存在名為 PH.D 的相框裡
為人類知識帶來創新
—— 致來不及取得學位的同學
2015.11.27

《華文現代詩》第 8 期，頁 134。

林宗翰作品

清水人

風一陣陣撫摸
橫山的背
柔軟的獸之掌紋
沿著自行車道
追逐一隻夢遊的長毛貓

山腳邊，一列海線
區間電車喀噔喀噔喀噔路過
小土地公廟
香煙也跟著夢遊，只留下
一小撮紅的香腳

山的腹腔
蟄有幾段工整的腸
戰時，腸子裡住著軍人
戰後，腸子裡住著鬼
魂。不知是否
仍用流利的海口腔
熱情問候：
「汝呷飽未？」

《華文現代詩》第 12 期，頁 122。

好久不見

種子終於重逢陽光，
溪流終於面對海洋，
星座神話又在各自專屬的
季節裡重複上演，
但我要向妳道別，在妳
將我忘記之前。

塑食者

小學時母親送我一盒
樂高積木，
我拼出了金銀島，海盜
與骷髏正高歌，
一不小心我把玩具刀
吞下，
數十年之後，刀和寶藏
仍躺在海底。

《華文現代詩》第 10 期，頁 54。

浪　花作品

前世今生

前世是誰
誰知道
知道了又如何

前輩子修來福氣
這輩子娶得好妻
前輩子修行得宜
這輩子無往不利
所以這輩子也要好好修行
積福積德
下輩子再娶得好妻
日子也會過得順利

這是誰說的
好像自古以來就這樣說

誰知前輩子有沒有積德
自己知道
別人知道
天知道

這輩子要好好過
無論如何
困苦也能修煉心志
富裕反要好好珍惜
不知前世升沉
但知晚景榮枯
當下就是關鍵
今生積福
今世知足

附記：多年前流行一本書《前世今生》，敘說心理醫師研究發現，人在催眠狀態，會說出前世因緣。如今想來，不論是否屬實，與其追尋前生，不如好好把握今世，修德積福，老來或能安樂無憂吧。　　　　　　2018.03..07

洪錦坤作品

眼見梅姬颱風
一意孤行

一波又一波的強風襲擊

颱的人心驚慌，如臨大敵

連到防災指揮中心都不願久留

見不到大人坐鎮的溫暖

承諾的語言却如鐵捲門被強風掀起

掀起災民哀怨遍野的怒吼，如

布簾隨風輕飄

雪崩式的民意在凝聚另一波的默契

有人只關心即得利益的分配

名嘴政客瞞天過海口沫橫飛

淹沒的水無賴的滯留

找到防災的決口，

神指編列預算

大雨小雨下個不停

災民淚水大滴小滴

台灣的天空正流行着不和諧的滯留鋒

2016.09.28 台灣 新北市新店區

發心菩提

如果放下屠刀

人間殺業減少

刀器一堆熔掉

鑄成一尊佛像

讓眾生頂禮膜拜

讓眾生種下金剛種子

讓人間未來有棵大菩提樹

讓大菩提樹生百千萬顆小種子

讓人間未來有萬萬棵大菩提樹

讓樹蔭下皆可停五百輛大巴士

讓眾生頂禮膜拜竟

讓眾生歸依佛竟

是那一生的我

看那一世的我

坐在菩提樹下

成佛

2016.12.06 台灣 新北市新店區

《華文現代詩》第 12 期，頁 127。

項美靜作品

穿過冬天之雪

裹一身素衣
以一朵花的姿態
裸呈點

在棉的枝頭
等一雙手
輕攬
2016.01.07

掃 雪

頭上那縷白
是季節留下的
注腳

黑檀樹下
截一抹香
熏染

這朵
別在母親髮際的
榮耀

2016.01.08

孤 城

螞蟻馱著秦時的月光
在漢磚上踽踽而行

南宋的那江春水
寂寞地拍打著護城河壩

我在城樓尋遍每個烽火臺
也找不到三國的那把羽毛扇

陽光鑽進牆縫假寐
只有風悠閒地彈奏著空城計
2016.1.14

孤 城

沙發上一對抱枕鴛鴦戲水
床頭幾滴殘留的酒發酵成醋

壁虎在牆上比手划腳
幾粒粉塵飄落潔白的哀傷

畢加索從畫中走來
發出滴血的笑聲

找一個衣架把影子掛上
不勝酒力的詩合衣而眠

夜在耳鳴
蜘蛛在夢中遊離

只有洞開的窗
獨自風景著風景

2016.1.14

《華文現代詩》第 9 期，頁 121。

白　荷作品

靈　魂

多少歲月的期待
是年曆一張張 吞肚
才知道妳名

妳是臺灣叢林深山微笑害羞美麗
八色鳥
我是臺灣各地皆有
吱吱喳喳吵鬧無聊黑白褐色的麻雀
我們唯共處
都是留鳥
會飛　飛
《華文現代詩》第 9 期，頁 125。

愛心自由

坐
在書桌案前的
椅子上
檯燈照
書桌上的
筆記型電腦
手按著鍵盤
螢幕
寫著
自由詩
《華文現代詩》第 11 期，頁 117。

憶故人在八里療養院

還沒來之前

做白日夢

夢到你的　影子

坐上鳴笛的救護車

來聞你

誠懇

灑脫

似公園廣場飛翔的白鴿

似海岸岩石長出的野百合

雨下著

無見你的　影子

淚流滿面

夜裡　臺北港的

燈塔

點明了　方向

《華文現代詩》第 17 期，頁 111。

魯爾德作品

家　變

無法言喻的抑鬱
當蛇來時
血脈阻擋它的到來
而你，將其當酒
肆無忌憚地飲下
發起次次癲狂

於是，蛇又來了
用窸窣的腳步聲
讓人明白
體諒且容忍可憐
不會改變他
再來

最終
兒時回憶釀成
清冽酒光
讓抖擻的眉毛
化成兩條蛇筆直地遊向
血的顏色
那曾是愛居住的地方

范曄用一生尋找
遺失的記憶
然而，泛黃混濁的瞳孔
還能看到回家的路嗎？

《華文現代詩》第 14 期，頁 92。

我愛妳

如風，綠了江南
如河，藍了威尼斯
如我，癡了一生

荒漠裡，飛砂吻了花崗岩
肌膚有深情的思念
擁抱，沒有形體
綠洲是北極星的眷戀

地底三萬呎
萃取每一節流光
捶打心腸
提煉涓滴溫柔紅豆
嘈嘈切切地落入銀河

朵朵浪花綻放大海
有魚無聲地滑入童話
眼角雪白的結晶
偷偷地
邱比特咬了一口甜甜圈

《華文現代詩》第 15 期，頁 109。

和　權作品

多情的浪花

明知自己即開即滅的
命運多情的浪花
仍然堅持開得十分
淒美

煙

大山後
似乎有煙昇起
那是什麼地方？
炊煙就是天堂
硝煙就是地獄

失題四行

整夜咳嗽就是咳不出
憂思。僅咳出一些憤慨
和不平而牽著的腸尚在
掛著的肚也是

辭　枝

很慢很慢
落葉
並不急於着地

一再回頭
看
枝椏

老樹却說
去吧
別忘了你的
春泥夢

《華文現代詩》第 12 期，頁 140。

蔡彤緯作品

膽怯　　　　　　祝福

一、

說出
腦海的事
像是過街老鼠
人人喊　打
但逃過此劫
無被打到捉到

春日的陽光
看清楚白畫
後　雨直直落
下太陽　雨

二、

自五樓陽台高空往下望
剎那
腦海一句空白
突然驚叫
身體縮了回去
躲進五樓陽台
五樓屋內
魚缸裡的魚吐著泡沫
　　卩

種籽
送粒
給風啃　給蟲背　給鳥追
給河給海　給環遊世界
這樣　來自四面八方
夢想
無敢推卸

腳步走進　越來越像鮭魚
步步向溪向急流向要食牠們的
熊
搶遊過去

無管　路　如何峻險荊棘
贏的方向

太陽昇起

林幸惠作品

心在病房外

之一

醫生手上銳利的
手術刀，在我柔軟的身上
劃過九道
深刻的生命傷痕

每一道傷痕被縫合了
更把業障一一掩埋
痛是無聲的歌唱
更何況
心早在病房外
迎我

之二

壯年一棵巨大的樹
癌纏繞
鬱結滿樹
失去活力的葉子
無力的飄向大地
投訴一張張憤懣

負面情緒在體內發酵

細胞一一記錄信息攪滾
然後疼痛
然後失去生命力

全身乾癟失去了能量
知道它存在卻看不見
當憂鬱越過心堤
且莫讓累積痛苦
關閉你快樂的心
把心擺放在正念的坐標上
念念感恩
讓內心的海平靜

每個人身上都是道場
用正面的角度解讀自己的故事
且用歡悅的心
舞出自己的生命

剪去樹上凋萎葉片
釋出病痛的記憶
且與藍天白雲對歌
唱向長空

《華文現代詩》第 10 期，頁 119。

林宇軒作品

開　口

我沒有在看你
我不用擔心，你的心
應該寧靜如雲

天空的雲被撕成一片片
我用石頭的眼神看著
水和沙子想為他堆一座城堡
但我不敢大吼拒絕

我不要跟你講話，而且
我不想接近你
他們會為了我而打架

《華文現代詩》第 10 期，頁 120。

雨

幾串動詞脫口而出
喧囂出走
空巷接二連三的
滿了起來

日　出

寄一面溪水
並且擦亮地址
讓順流的魚
在橋下搬運太陽

《華文現代詩》第 11 期，頁 136。

雨　天

字詞成串摔碎
蝸牛心疼，提起殼
把雨的四點
黏貼在石頭上

《華文現代詩》第 12 期，頁 150。

投　稿

祈雨過度
在太茂盛的退稿信叢
我成為一隻慢嚼的羊
每天練習溫吞

《華文現代詩》第 14 期，頁 142。

許偉哲作品

橋下倒影

此岸風景留住眼光
上橋容易，彼岸
想將我的腳步拉走
要用詩遊一條時光的河
行句遺落，卻上了
這橋的起頭……

千帆風遠，誰都會忘了
我這踩過月光橋面的行者
濤聲是魚寫的文字，逆水抑或
隨流揮波，沈淪復出的影沫
以後，會如莊周
與一些讀夜的燈光夢遊化魚之樂

橋不長，桃花開過幾次後
我便走過，倒影橋下
妳若前來撈取，記得讓我
在妳上揚
如弦月的唇角間存活

倒　影

如果，有一首詩
很久很久
才被人會意
是短鳴如夏蟬，或
月光清寂
照亮百花的嘆息

如果，有一個人
很久很久
才回過背影
是沙漠仰望雨滴，或
歸羊牧笛

催促草原的別離

如果，有一座湖
很久很久
依然晶晰透底
波紋莫來，遊魚止跡
漣漪是投石？或
一次心事的傳遞……

連夢都在作詩

一片森林，擁擠
鳥群斷落膀翼
現在天空是夢的，而夢
原來是會飛的翅馱著
翅是羽毛的，羽毛掉落時
陽光還是陽光沒有嘆息

樹上窩巢不屬於我們
屬於昨天交纏昨天的夜裡
枯葉飄匿時有一些聲音
愛上剛開花的青春小野菊
從太古綿延而來的黃昏
曾經有過，還在繼續

人面獸佔據的森林，存活
得要侏儒能穿上巨衣
學著吞食月光免於癡迷
學著戴上青面獠牙的面具免於恐懼
學著叢林法則相生相剋的遊戲

連夢也在學習
如何將禽與獸都放棄的天空
寫首詩送給大地
記念
那一次大霹靂的分離

《華文現代詩》第 11 期，頁 92。

陳玉慈作品

欲　雨

整個城市的天空沉甸甸的
需要釋放以雨露的形式
洗塵，這排樹已過濾太多
空氣，隨著大風作出彎腰捶背的
辛苦樣。天空
響起低沉短暫的嗚咽
雷鳴，真的很久沒下雨了
這燠熱的天。

下雨後，空氣會乾淨一些
心事會明白一些，執著
會放掉一些，讓雷聲
預作釋放的擂鼓，雨聲
作心底的禪那。

淅瀝瀝雨打樹梢特別清脆
落在塵土裡發出悶濕氣味
萬物吸了雨水，存在
是下雨前一刻，還是
這一刻？存在是有是空？

緣起性空，雨打芭蕉，
落入土裡，生生滅滅。

想去海邊

想去海邊
藍天白雲剔透純淨的海邊
想念海風
想念海浪
想念沙灘上癢癢的腳印
一望無際的海
神色匆忙的小蟹橫著打招呼
海水的引力使你失重
世界的中心彷彿會旋轉
轉呀轉
你的塵埃被海水吸走
你的疲憊被海水吸走
海浪張著雙手
一次一次歡迎你
沒抱到你
不肯放棄

《華文現代詩》第 11 期，頁 101。

劉枝蓮作品

前行　雪山

天空泛著晚霞，山色
已顏彩成銀白，偶爾
掠過的鳥，不知從何處飛來
也無從知道飛了多久？

著婚紗的新娘撕開前世
朝向婚姻高塔挺進
小丑扮相的男子，以孤星的
姿勢盤旋而下，回到人群

在上山與下山之間的之間
誰來招認，登山鞋與石頭
碰撞出黑色
空盪盪出即聾又啞的霜寒；
或又誰來評斷婚紗與掌紋之間
何者是隱士或何者並不是？

辯論毫無意義。
雪山以千年之姿

以冰雪岩塊岩床為師

鞭打出一道一道雪痕
只為成就冰斗湖。

辯論毫無意義。
雪翁以大肚之軀，歡迎
以風為載體的水為雪為冰
玉山圓柏以千年之傲，即便
大火燒身仍然挺起腰幹招呼
來者。

小女子背上背包
沿路撿拾著跟蹌出走落石以及
拉長的影子。
「到底，該來還是來了」你說。

2017.2.17　海老屋
《華文現代詩》第 13 期，頁 128。

高　塔作品

門口 — 敬致白宮羅門

胡楊三易
葉子的變身戲法
對著駱駝，對著沙漠
大老遠趕來，羊皮囊
滴不出海市蜃樓
口乾舌燥的河
嘴裡的咕嚕能撐多久
生，不老千年，死，不倒千年
還是，另一個千年
倒而不朽
但丁支肘，186 種愁
滿還是不滿百，燈屋或白宮
就在門口
雷電的「天問」
對地獄說
不是光留，就是光走
花躲在門後，康誥曰
凡種子，記住，春天的臉
有一年大颱風，萬木齊說
這個娑婆

《華文現代詩》第 16 期，頁 89。

春天的事故

趁小小空檔，剛好回暖
北風的手，搧得有點偷懶
搬張凳子
坐到太平洋門前
解襟摩腹，曬太陽
幾聲轟天巨響
錯怪炮竹，冤枉雷電
你你你，飛彈
多少雲破？林子上空
幾則故事墜落？
圍觀的鳥別告訴我
春天的屍骨
不全
落日
告訴引力臂
進就進，不用捶地
這顆，針腳盤到天邊
船開海門迎入
紅紅日球
就算魚躍撲救
也是，逗不回去
準頭略一偏西
已非東山頭，開球發出
金金晨曦

《華文現代詩》第 14 期，頁 84。

吳添楷作品

<table>
<tr><td>

玻璃屋

</td><td>

建築師

</td></tr>
<tr><td>

陷阱中的窘境

在泥裡

蓋地基

像是一生

就該龜裂一次

竄出一陣霧

砥礪磚瓦

連倚靠的心

也不過於苛責

隨著日子軟化

壁癌扯下一張

謊言織的網

糾結後斑駁

雙瞳便會日漸明朗化

</td><td>

樂高嚮往攀升

渴求山巔的極限

可惜，站在印泥上

會被雲兒取締

一件煙幕商標的衣裳

日子帶著詼諧

用印章踏過聳立的快樂

尚待蓋棺未論定

再也不為低處垂憐

那矩形的童年

被失落啃噬

慶幸，僅存的純真

還在角落努力活著

</td></tr>
</table>

《華文現代詩》第 11 期，頁 126。　　　《華文現代詩》第 12 期，頁 146。

古　湘作品

小詩三帖

雲是小偷

雪衣
輕薄如白紗
雲　狡滑的小偷
拿了　穿上
到四處
飄浮
炫耀
唱著自由之歌

一樣的天空

少年時
藍藍天　飄飄雲
中年時
天還是藍　雲還在飄
如今
樹長大了　人老了
夕陽燦爛
輝煌依然

心絃

心絃　細細地
是誰　是誰
輕輕彈動　深海裡
蟄伏的浪濤
望妳來和
吟哦
相擁
夢幻的落霞　　2014.07.26

迷　情

暮春　薄霧迷濛
夢裡似虛　如幻
推開江南煙雨
妳　從畫中走來
微晃的一燭燈火　我拎著
傘　撐起今生　等妳
如一隻孤雁　銜著昨日落英
佇立渡頭　聆聽遠方憂傷的蘆笛

湖面清風縈迴
吹拂妳綺麗的裙裾
漣漪一池春水
漫暖無盡之夜晚
癡　想　望
走出今世最後底禪房
掬一縷　郁郁沉香　如妳吟哦
挽一束　幽幽星光　如妳回眸
搖櫓春鷺綣纏戀情
擺渡仲夏清脆蟬鳴
穿越綿綿浥浥夜雨

妳　從畫中走來
擄我的心
掠我的情
與妳心鼻相連
互擁濃蜜蜜　春的潮湧
激盪彩墨風華　秋的璀璨
凝成頌歌一闋　醉臥千年
誓言去野放　日夜野放
心終無悔

蔡振念作品

想飛的度度　　　聽　海

滑翔的翅膀逐漸退化
在沒有天敵的海島
在極樂天堂的家園
飢餓無從想像，才說
飲啄，豐饒已豢養我
啊肥肥笨笨的傻瓜鳥

最初我們以海螺傾聽

彼此海洋暗流的潮聲

歲月靜好，愛情如此溫柔

每一次的波濤都是心的起伏

被海岸線精準的接收

度度，度度，叫聲如此這般
像口吃的路易士‧卡羅
只能在愛麗絲的仙境中
搏取一絲嘲笑聲中的同情
化為度度度度的度度鳥

都說海螺是戀人的耳朵

傾聽彼此海洋的暗流

粗心的我們遺忘了海螺

遺忘了我們需要的

不過是一點點溫柔

踱步踱步我爬上了山崖
想像快意的展翅
想像是鳥就要飛
縱身躍下深谷，完成
夢想中一次美麗的翱翔

2016.05.30 清晨夢中得句

人們說：它已如度度鳥般死絕
這一生不過是一齣想飛的悲劇

注：英文中有一片語： as dead as dodo
意指事情已無法挽回。2015/9/29 鳳山

周伯乃作品

也許沒有明天

—— 獻給愛妻夏江

也許我沒有明天
今夜過後，歷史不會記起我
我也將不屬於昨日的男人
因為我已走入另一個夜
那是沒有歷史的冊頁
只是一張雪銅紙般潔白而細緻

也許我沒有明天
今夜過後，庭前的玉蘭花
仍然一朵一朵綻放芬芳
從窗隙間飄進你床前
那是你我攜手灌溉過的唯一株
玉蘭樹

也許我沒有明天
今夜過後，政爭依舊不斷
股市一波又一波起伏不定
像街頭鑽動的人群
那是永遠永遠不會止息的
只有我愛你的心

像流過我家門前的琴江河
永流不涸不枯

也許我沒有明天
今夜過後，月亮依然繞著地球轉
像我的心，隨著你的麗影走進另
一個世界
有人說：那是極樂世界
管他樂與不樂
總比我孤獨的活著美好

附記：15 年前，2000 年春，好友吳烱聲送我一棟建坪 300 平方米佔地 500 平方米的花園洋房，大陸人稱別墅。讓我退休後携妻夏江在那裡住了相當日子，她喜歡玉蘭花及桂花的芬芳，親自栽了滿園的玉蘭樹及桂花木，如今，玉蘭桂花依舊，但她先離我而去，我也於 2011 年 9 月 12 日罹患腦中風，不良於行，只好由它去，空留回憶。

《華文現代詩》第 12 期，頁 94。

寒　將作品

蜉蝣向光性—紀念靜安先生逝世 90 週年，兼懷屈子

鞠一捧水　月
手中之月映下是那年藻荇的交輝
澤畔行吟者若高冠
湖畔垂釣者層悲歡
飲下一口　憤世嫉俗的味道
苦澀而渾濁的水啊
透徹清明長太息

世界在光明之中沉睡如螢
何人生如蟻而光輝如神靈
淡去的古今　日光傾城
馳騖者若蜉蝣

長歎息

　　　　2017.06.02

春天，十個海子

杏花，鐵軌，和繁星的夜
十六個小時縱觀夜月白晝的睡眠
醒來，櫻花拿鐵，
紅茶拿鐵續續一杯的一杯
櫻花開在淡水未來的夜
你想起春天
想起春天
櫻花被研磨而碎的
成為入口的微甜，交織著
出口湧出的腥鹹，石榴般的汁水
櫻花到底還開不開了
櫻花到底還開不開了
櫻花開在淡水未來的夜
未來的春天

《華文現代詩》第 14 期，頁 119。　　《華文現代詩》第 13 期，頁 116。

丁　口作品

縮　影

婆婆販賣著春天的花香
賣不起青春的歲月
老伴睡在時間的深河；
婆婆將思念藏進花堆裡
孫子將要去上學，
一朵朵的學費開始凋零

推著資源回收車的老先生
電泡壞了，始終沒換上新燈泡
他坐在床邊自言自語
對著始終昏睡的老妻說些話

賣餅乾的孩子，販賣微笑
路人匆忙地走過，遺忘
他們需要傻傻又暖暖的祝福
——感謝有你的聲音，迴盪

街角

梅　雨

風雨聲越來越響
風不動石
屹立整個雨季
路過的人聽過被淋濕的話題

不可考究

生命藏於秘密花園裡
接吻時，偷偷地按上密碼
旁人是無法解讀得數字
也許，孩子懂得回音

呂振嘉作品

撕日曆　　　　　　藍眼淚

惹來歲月嘲謔的　　　　礁石的瞳仁
無非撕日子時的果決　　看見一道道燐火
當昨日被撕下　　　　　燒出南竿島的
揉皺並扔向　　　　　　海岸線

堆滿哭聲與笑聲的心　　卻看不見眼中
誰任情緒溢出眼底？　　燃燒的羣膜
誰將悲喜拋入七情之河　你渴望馬祖上空
淡然於哲學之橋上？　　星的潮水

誰扔，其實未扔　　　　能洗去每一條
誰拋，連同執著　　　　浮上眼球的血絲
在戲謔聲中我自在　　　當時光的浪滅掉你

當我撕起層層執著　　　眼中的火
直到撕出無我的真相　　你看見雲與天光
或悲或喜而不執著　　　浮出星潮

《華文現代詩》第 18 期，頁 79。　　　《華文現代詩》第 13 期，頁 131。

洪郁芬作品

水　路　　　　續葉慈基督重臨

儘管不停跳躍　　　　　黑暗又下降，如今我明白
海水悄悄滅頂　　　　　為何你在我身上猖狂？
我們於是忘記風浪　　　我認你為主，以虔敬的默禱

　　　　　　　　　　　以焚燒的玫瑰，炙熱的夜
總有無止盡的飄盪　　　我獻上青春的白孔雀
承載呼與吸的喘鳴　　　你雙手愛撫我脫盡的羽衣
面鏡緊貼水母的節奏　　噢情人，你離開我吧！
懸掛的熱帶搖擺船尾
流動中有換氣有暈眩　　如今同你深坐火焰
　　　　　　　　　　　儘管我焦黑的手
　　　　　　　　　　　蜥蜴的爪刺入岩壁
揹著空氣的重量　　　　懸在半空仰望
我們和水針不停芭蕾　　蛇皮纏繞的枯木
靜止的流落
　　　　　　　　　　　我吶喊！你的名未出口
來吧！這鹽吞下　　　　我是倒立的狂獸面向地谷
換上魚的模糊眼睛　　　你不曾在的懸崖
看自己透明一點

邱各容作品

無　常

生老病苦，生命現象的足跡
死，終結的象徵。卻是
另　一個生的開始
既是輪迴，也是循環

始終挺立在那個拐角，孤高
無畏風雨，晨昏與天地一體
青春年華，驟然消逝
你在，我來；我來，你卻不在

樹影婆娑，迎風而立，瀟灑
晨間漫步，莫知所蹤，錯愕
猛然驚覺，去年此時，照見
舊地重遊，年輪一墩，黯然

年輪隱藏生命軌跡
注視良久良久良久
希爾佛斯坦《愛心樹》
最後一頁竟是你的歸宿

風

如果心事可以隨風而去
又何必承受萬般無奈與不捨
如果情感可以輕如風絮

又何必承受過重負荷與擔待

風言風語，縱然　吹向
搖擺不定的心船
屹立不動，燈塔　舟子
不至於偏離航道

只要有一絲絲隙縫　風
就有立足的餘地　趁機
只要有一點點破綻
就有謠傳的機會　誇大

爾心如明鏡，風在角落垂泣
心澄若映真，風難自圓其說
一心當不動，風何左右言傳
心牆似堅石，風將無功折返

送別

大風起兮，清魂歸
冬雨飄兮，文氣飛
台灣文壇星殞落，同聲哀悼
華語短篇小說王，天人永隔

儉樸尚兮，清無華
細節重兮，文藏真
人事草木皆熟悉，筆下成篇
勿庸擔柴入內山，俯拾皆是

《華文現代詩》第 16 期，頁 120。

蕭芷溪作品

謬斯的禮物

我想你必深愛著我
看，在這寂靜深夜
你坐在半弦月上
送給我的禮物
是出現在心中的畫

我看見你在江南的春天
赤足穿過一地細碎的野花
做一個低吟淺唱的女子
將枝頭上的紅豆採下
席地而坐，遠觀一池蓮花
我便笑著收集露珠兒
為你煮一壺清茶

我對你撒嬌
要做你深深眷戀的寵兒
你撫摸著我的黑髮
卻笑而不答

只在日曆上翻閱春夏
讓我看到永不凋謝的繁花
然後將天籟笛音吹奏
讓我聽到柳暗花明的曲調

你帶我到一個河岸渡口
親吻了我的額頭
我便懂了
這裡已有知音靜候

你大概是累了！
閉著雙目在我心裡入睡
我聽到你呢喃著夢話
忘記眷顧的人總會想起來
那時就把詩的靈感意象
從腦海寄達

成孝華作品

寂　靜

萬水千山找不到一句出口
你以靜默的笑回答所有
無光的黑夜是迷魅的字眼
你在，我走不出去

最後一班列車未來時

空蕩蕩的月台
我與一隻斷尾求生的壁虎相望
螞蟻抬著搖動的尾巴果腹
抬不動我
《華文現代詩》第 16 期，頁 144。

在雨中

凡是靜默的

透明的溶入雙眼

劃下曾經的，現在的

週圍的還有沒經過的

在想伸手阻止以前

安靜已散去

反手的掠髮在雨中

那是個舉手姿態

徘徊在花一般的臉上

在夢與寐的角落

醒著一滴失足跌落的雨

滴滴答答⋯⋯

黃昏，你來

階上蒼穹剪影
行人落寞的步子
群居倦怠了
鐘點聲是唯一的夐音

雀鳥鋪出明明暗暗的黃昏
張貼一張張望著遠方出神的臉
那人，寫愛的
收起羽
聆聽復活的雷聲

《華文現代詩》第 19 期，頁 109。

林義正作品

登走林蔭步道

清晨之約
捷運一○一站三號出口
喜握久別五十一年同窗手
登走象山自然步道
還好不見顫抖
傍坐大石壁
穿過一線天
巧遇青竹絲驚竄草叢
久逢話不休
半日下山
飽享泰式料理
記得那清蒸的鹹酸檸檬魚
享受永成 85%純巧克力、
巴代利亞的微酸咖啡
回味世哲帶自北疆的羊乳片
此刻得未曾有

警語

「即使已漸枯乾，也要不斷向
上！」
有信念者，恆如是！
表面的翠華，抵不住風吹雨打；
享受慣了，肯定未來哀聲嘆氣！

人的一生，豈是如此，
坐望，
日暮西山？

希望在那兒

眼看周遭年輕人
沒想過明天
只要小確幸
大人們開始擔心起來
固好老本
每天甜美一覺
成了不可多得的奢侈

懷七夕

七夕夜
遙望著天河兩岸
期待重會
實現來自古來的傳說
年復一年
但等不及千斤重的眼皮
七十多年過去了
至今猶未親見那
盼望著的
美夢

《華文現代詩》第15期，頁102。

楊佳蓉作品

繁花夢旅 — 瑞士印象

夢幻瑞士
遙遠幼年的童話國度
吸引一顆雀躍的童心
興起敲敲山嶺小木屋的期盼
走過最古老的卡佩爾木橋
在琉森的青色微風中
得到暫時的心靈歇息

自碧綠湖水裡
湧現火鶴的盛開花束
愛情的蠢蠢欲動
任水也撲滅不了那吱吱火苗
年輕的心細細描繪歲月的自畫像
訴說在華麗真實的
巴洛克與未來主義中
連結幽微內在滴答作響的
斷裂淚珠
其實渴望追尋
或許腳步輕快飛揚

旅者一步步踏上生命旅程
或許踽踽獨行
旅可有侶的隱藏
知心知己的伊人在哪兒
靜靜謐謐
或在某一扇木門的後面
捉迷藏的好奇與迷惘
是遇見虛弱的石獅
還是通往櫻桃之路
　　《華文現代詩》第 16 期，頁 111。

附圖：《繁花夢旅 — 瑞士印象》，楊佳蓉，2009 年，油彩・畫布，65x53cm。

邱逸華作品

愛一首晦澀的——為
所有不被瞭解的愛發聲

愛你　像愛一首晦澀的詩
即使用韻不協　孤獨難解
仍要在眾門之外
吟遊你的美

愛妳　也像愛一首受傷的詩
破格得那麼痛
然所有發炎與無稽的控訴
都無損我詠唱妳的神聖

晦澀或受傷的詩
被高門堅戶內的看客冷眼踐踏
或嘲蔑
卻必然有萬千不避賤視無畏蜚
語的註家
以淚解開桎梏、以柔情包紮傷痕
以自由的豪情
圈點詩語中隱晦卻孤傲的深情

《華文現代詩》第 15 期，頁 83。

八　字

那該死的生辰篡改了多少次
命運的體重依舊過輕
桃木埋根於磽薄的壞土
嫣紅含苞未破，卻教干預的
手批落

《華文現代詩》第 16 期，頁 142。

老農夫

鋤為篙，阡陌為筏
翻騰田水向眾生的糧倉，擺渡
馱著麥色薄暮，砌汗堆成鹽山
踩著風霜墾出每一粒飽足感

詩　說

為了永生，請俐落死去
我在，沒有奈何不了的橋或咫尺之遠方
海一樣鹹的擁抱或風一樣淡的慰告，都好
無邪是針，療刺人間執迷的百會穴

《華文現代詩》第 18 期，頁 141。

漫　漁作品

一個女子的長跑人生

我在路上奔跑
看到幼年的我打著赤腳
在岔路巷口跳房子
好想摸摸小臉，告訴她
爸爸後來離家，不是因為她
打碎了他心愛的花瓶

跑過木棉道
看到十五歲的我背著書包
低頭思考一條數學問題
我好想回答她
青澀的憂鬱不會負負得正

再跑
路變得窄，
城市大廈遮擋了雲的去向

看到穿套裝拿名牌包包的我
踩著階梯，眼睛往高處爬
我想拍拍她的肩頭
不要忘記回鄉探望老娘

心開始累了，腳還不停地追
（不知在追什麼）

我的中年不在，她決定出走
沒有方向感的女子，
兜了一圈回到原點

我的鞋爛了，人也舊了
路，在我前面無限延長
老年的我坐在路邊，早已忘記
我是我

《華文現代詩》第 15 期，頁 97。

李宗舜作品

機 緣

有些人在這裡偶遇
旁觀上個世紀老去的風雲
時光沒有在他臉上留下痕跡
隨著流水岩石間因風而散去

有些人在這裡凝聚
把所有留住的身影寫在日記
珍惜現在飄過的雲彩
歲月在溫室結成日後的花圃
有些人在這裡離開
以為可以就此揮棄塵埃
三十年後想找回失聯的風衣
唯昔日身影已經不再

有些人在這裡相遇
握住燭台像擁抱燈火
惺惺相惜，圍爐裡的熱湯藥饍
日後終成旅途的伴侶

《華文現代詩》第 16 期，頁 126。

搖籃曲

網狀搖籃的細胞
嬰兒築夢的天堂
他的成長日記
每天依偎在祖母
細聲呼喚中
最想牙牙學語時
就像躺在搖籃裡的胚胎
母親澎派肚裡戲玩
那些萌發器官，吸收
礦物質和維生素

現在他裹在大廳的搖籃
冥想曲的幻象身影
宇宙的母體
天地的胸懷

《華文現代詩》第 18 期，頁 136。

王俐媛作品

重機遊記四帖

我是隻噗嚨共
－記北天三玄宮

張口以隨意的姿態吞天
咀嚼春日裡的粉櫻
千枝萬瓣
飽腹後嗝出縷縷纖雲

淡得比白琉璃
悠哉哉晃過翡翠湖面
即庇蔭了一方注定遠征的
煙騰，毀我是殷殷的世故
風雨辛勤刻鑿的傷痕
艷陽下斑駁成瘡
細緻地寧靜還流徙微光

就讓風親吻
雨成為潤澤我身的酒釀
呼朋引伴山群
盤踞我成為不死無休的石像

守衛來處，眼臥穹蒼
山石 － 記山門咖啡

喜歡，總太匆忙

把華美的喧囂
置於河溝上苒苒打轉
隨時光流去

任熾陽篩過樹影
典人世以青苔
留溫柔以繾綣
依附山石
悄然悠長

虔誠的呼吸
覆於冬霜之下靜默
再遙拾一粒孢子
傾聽葉脈

說來年的跫音
梅山三十六彎

從手腕到肩膀
用指腹丈量路有多遠

從額頭沿鼻骨到唇緣
從一數到三十六
兩刻鐘似一生顛沛

風太烈
景如絕色讓人醉
香芬襲來
山如水蛇腰般纖

霧太淺
走進深處就不見
媚眼如勾
彎過梅山曲裡
每個不說相思的惦念

微熱霧戰
－記微熱山丘霍華咖啡

穿上最厚的鎧甲
從森羅城市裡逃亡

汗血寶馬墜下的每一步
是武生蒼勁戲腔裡
不得脫困的殺伐

周旋流徙著逆風游擊
鏖戰千里只求一亭
霍華奉茶送晚

霧迷了冬寒細雨
卻清了我原是
素顏而惶惶的丑旦

《華文現代詩》第 17 期，頁 90。

蔡　真作品

心　旅

心中減氧的脆弱迷惘
隱匿在浮華城市腳下塵煙，飄散
熱鬧的行李箱已裝不下天涯

漂泊千城的心，會駛回故鄉港灣停歇

火星魚塘

乾渴的魚塘曬傷龜裂
佈滿神秘圓洞，猶置身火星
鯽魚挖洞產卵，給娃娃一個孵育的窩
無家，每滴淚都是鮮血
《華文現代詩》第 19 期，頁 133。

製繩廢工廠

晚霞堅持為過往的繁華上色
默默地與漸起嵐煙對望

送別汗斑淚漬與甘苦纏繞的麻繩
不忍哼唱早已瘖啞的歌

車城後灣

跨騎春色，任自行車颺風飄揚
浮潛浪潮，在海藻之間穿梭撥弄

縱酒放歌當即時，何需費神嚮往
天大的事，回頭再行奔忙
《華文現代詩》第 18 期，頁 142。

孤獨的快樂

藍天，同情我的寂寞
蔚藍越來越開朗
趕走心中陰霾，仰望
悠閒的白雲，紛紛向我

湛藍海水和我同享流年
衝撞海岸堅貞的礁石
思念鑲嵌，留下密麻印記
激盪，屬於我倆
白色綿密的美麗迴旋

陽光流連，親吻沙灘
銅製圖騰，向天打著太極
一邊伸手接引風流

原來，孤獨可以很快樂
註:遊台東加路蘭-太平洋濱有感
《華文現代詩》第 17 期，頁 116。

林錦成作品

一無所有是你們
從未擁有

她的臉東照西曬
墨色很重的一張超現實地圖
專職漫無目的遊走
從簡單提煉最簡單—一無所有

一無所有是你們從未擁有
你們只有
有很多仍嫌不足
有一長串生活鑰匙
捨不得丟掉任何一支

天色陰夠了招來陽光除溼
她如果心裡有花
是栽自田野路邊的「小金英」
沒有規矩的迎風招展

這塵世綻開的繁花易謝
季節街景逐漸易容
他偶爾會對一堵傾圮的磚牆吐口水
喃喃自語如神諭（在報六合彩明牌？）
在石板凳上睡出命底的硬度
或許經由瞌睡打探來世的好夢

愛情正轉

「有濃霧，小心駕駛。」
我就是路況播音員所以這麼說：
「凡事『霧』必搞清楚，
你剛穿過不清楚的地帶。」

直覺不是明星花露水
那一陣撲鼻的花香
是纏繞的蛇
我眼尖看著你的車重踩油門
犁頭甩尾衝進雪山隧道
塞了滿懷山明水秀

你一直說不用
就不用客氣
我喜歡幫你
領帶結束得夠紮實
腰帶鞋帶繫得夠緊
就是不要途中鬆脫

解放是多義辭
不願愛是多重選擇題
我喜歡單選題
一支十字螺絲起子
正轉一顆螺絲

《華文現代詩》第 16 期，頁 131。

謝振宗作品

瓜葛纏身

1 應 證

臍帶未斷血脈相連
猶如混沌迷濛
等待誰能滴血傳承

流動的紅色溪河
撐起半壁山色
甭管尿酸指數
糖化血色素值有多少
血脂與總膽固醇皆在掌控中
讓四季花朵
按照氣候時節展現
最美艷的身影

即使偶爾阻塞
窒礙難行
我們都能藉由詩歌魔力
打通任督命脈
該刮該切該剷除
瓜葛纏綿的蔓藤情節
或藉由化學藥劑調理
也都能坦然接受

就像眼前煙雲
若隱若現
從不停留過

2 牽 掛

誰能聞音救苦
大悲咒語飄散如雨花
宛若垂憐的捻手雅姿
隨機灑下甘露
滋潤枯竭許久的心田

勇敢面對蛻變的色相
無畏凜冽寒冬
我們都能攜手面對
期待春雪融化時
滿園柚香散發濃郁情意

甭管細胞囤積與贅生
猶如曠野雜草需斬除斷根
或是三昧真火燒盡前世因緣
讓今生今世不再輪迴

祈求平安順利大吉福滿

《華文現代詩》第 17 期，頁 80。

名家經典詩作　　（每人不定一頁）

向　明作品

目　前

目前，幾乎不打算歌唱
縱然美色當前，錦衣玉帛
在在撩撥結石的破嗓
而跳動的音符卻態度保留
琴弦也顯得意興闌珊

目前，絕不恣意再下山崗
縱然山下酒綠燈紅
無數的誘惑在亂拋媚眼
然時局這樣紛亂，禍事頻傳
凱凱白髮怕被誤認向誰投降

目前，已打算將詩停產
縱然現在到處都生氣勃勃
每一面都值得獻上熱情
然當啃食的蛀蟲也會賦詩
一生寫作者多麼寡趣索然
　　　　　　2017.02.15
《華文現代詩》第 13 期，頁 58。

蕭　蕭作品

四行三則

啜飲星光

還沒有走到的路
留給風躑躅

還沒有欣賞到的星光
留給傷心人啜飲

聆聽石頭

石頭只說一種法：
石頭外的瑣瑣碎碎都是廣長舌

所有的廣長舌都在萬里虛空之外
之外，聆聽石頭

旋轉想像

你翻過書頁　如風翻過樹葉
劈哩啪啦的聲音　是聖人的叮嚀

我敲過的鍵盤　可能是畫家的
調色盤
想像的旋轉　旋出了生命的
彩虹旋律

《華文現代詩》第 5 期，頁 31。

渡　也作品

鮮紅的油彩深處

一九二五年九月
吳鳳廟全身
充滿熱情
陳澄波的畫筆也是

吳通事已不在廟裡、畫裡
　　　（陳澄波來訪未遇）
只留下一地澎湃的鮮血
似乎有箭射過

似乎有子彈射過
廟看起來像嘉義火車站
陳澄波似乎躺著
在站前廣場，在畫裡
在一地壯烈鮮紅的
油彩深處

註：嘉義籍知名畫家陳澄波於一九二
　　五年完成一幅題為〈吳鳳廟〉的
　　作品，畫面充滿鮮紅的色彩，令
　　人印象深刻！

《華文現代詩》創刊號，頁51。

雨　弦作品

阿母的潤餅

以前清明總是
阿母透早準備好
一盤盤春寒，一張張
白白圓圓的潤餅皮
在老家的餐桌上
捲成長長的愛
和我們細細分享

現在，我們
透早起來準備好
一盤盤春寒，一張張
白白圓圓的潤餅皮
在異鄉的餐桌上
捲成長長的思念
和她細細分享

只是，豐盛的潤餅
阿母捨不得吃
結果，還是我們吃了
阿母以前這樣
現在也是──

《華文現代詩》創刊號，頁61。

范揚松作品

閃燃！整個星球 ── 記千夢堂雅敘並致詩友

眼角有火光，穿梭呼吸與俯仰間
暗燃的速度如龜殼花般─流竄
一排排墨香撲襲，在皮膚在血脈
在臟腑，在一顆焦躁欲焚的星球
積鬱交錯的墨漬無言，飛白無語
不安的火舌卻黯黯嘶吼，不能藏匿

耳膜迸出絲帛聲，誰在吟詩放歌
珠玉起落的音符，鏗鏘敲響韻腳
飛灑的色彩，踏著光影婆娑起舞
舞姿在樂音裡凝固，啊山水潑墨
有峻嶺深淵有飛瀑急湍，有黃鸝
婉轉，有虎虎燃燒的驚心不已

鼻尖靈敏，嗅出瓷刻燒炙的味道
撲來，狠準的刀法正勾勒─撇捺
鑿出篆隸行楷，各個飛簷走壁
險裡求生的姿勢，崢嶸穿透釉彩
斤斧聲裡，走過漢唐，走過
發燙星球，火的吻痕見證一切

身體在酒精濃度裡，紛紛引燃彼此
汗水淚腺已乾，醮墨飲盡高粱
暢啖八大山人，配一碟板橋小菜
分不清國仇家恨剪不斷情絲萬縷
誰又是誰呀環肥燕瘦都在千夢堂
拉筋、劈腿、翻轉了張猛龍碑

意念在高溫層裡沸騰，書海浩瀚
火光倏忽凶猛撲向每張驚駭的臉
轟然炸響，炸碎繽紛的歲月指針
吞噬了所有欲望疆界以及千碑萬帖
春秋的樑柱傾斜，夜空已然崩落─
閃燃的星球啊──
熔成一夜慷慨激昂的狂草……

附註：〈愛河流域─五位中年男子情
詩選〉出版後，摯友瓷刻書法家張夢
雨贈諸詩友墨寶。在平鎮〈千夢堂〉
工作室暢飲，談詩論藝，臧否人物，
十餘位詩友盡興而歸。〈閃燃〉一詞
出自消防學中，指房間失火現場累積
到高溫層後瞬間燃燒無法逃脫；創作
如此，情愛亦復如此。寫於 2014.6.6。
《華文現代詩》第 2 期，頁 77。

碧　果作品

他：就是這麼一個人

他
在吳叫
接受雄性肉体多種籌碼中
自必書生態喜、恨意、正派、反虐
的慶典或議事內。翌日
晨間你劍終於的　立著出走

上下形而之均可。之後
瞬間滾在腰下。萬竽荷發聲的
把玩生冊。戲手吃喝。挑逗
高低享薄不等的
洽
或。開花
也美女沿？

其言實
早已傾斜了的那座寶塔。
你必　斜著。
笑口常開的
沿著。

碧果

《華文現代詩》第 2 期，頁 56-57。

張　默作品

織錦六行

織錦六行　　　張默

把月光縫進線裝的詩集裡
把溪水剪入微醉的楓紅裡
把遠山懸掛海浪的格律裡
把垂柳框在如煙的紗窗裡

·

如是這般，我昂首輕輕拾起
華麗為當代詩史加油添醋的揭幕式

一　信作品

詩　尋

青年時　悲憤時局及遭遇
風雨飄泊中尋找屈原

中年時　投身志業
尋找軍旅中拿筆的陸游
吟誦滿江紅的岳飛
酒後酗詩的李白

老年時扶筆撫紙　尋找
田園中的陶淵明
寺廟中寒山　慧能

找，找？找！　最後
卻意外地找到自己

劫後對命運悍笑

重劫又復　我
仍愛對命運悍笑

縱已宮刑加身　膽臟俱裂（註）
年逾八旬又三　我仍愛
仰天俯地　對命運悍笑

嘿嘿哈哈　哈哈嘿嘿……
把命運笑得忘記子丑寅卯……

註：（1）2003年8月因攝護腺癌在
台大醫院開刀割除一邊攝護腺。
（2）2011年開刀割除部分胰臟及摘
除膽管。同年又因腸阻塞再度開刀，
傷口不癒合而命危。後竟奇蹟自癒。

《華文現代詩》第3期，頁10。

龔　華作品

晨間捷運

美乃滋或黑咖啡
切割昨夜的歡喜或哀愁

站名的溫熱或冷颼
背離都更的願景或剝奪

抑鬱或確幸
一起滾入同溫的晨曦中

滑過嫌隙的防風林
藍白衣裳同一方向顛起腳尖　　聽

蠕動的節奏裡
那優美的晨間刷卡鐘

2014.03.19 初擬，2014.08.16 晨完

《華文現代詩》第 2 期，頁 73。

槑　川作品

夢裡桃花源

尋著武陵人的足跡
虎空山沒有虎嘯的盜匪
巖內坐鎮了三百多年的觀音
隔著裊裊香煙　　望見
那慈藹的一抹微笑
飄蓬的行旅遂安然落地生根
在倚山傍水菩薩庇佑的桃花源

歲月無爭只是沿著山坡蔓延
那高低櫛比的磚瓦房
左鄰右舍熱絡的談笑聲
呼朋引伴上下奔跑的童年
追逐著天空中的白駒幻雲

終究　　夢裡漸次沉寂
兒時的球獨自沿階梯彈跳而下
歇止在一棵無言的桃樹旁

註：訪寶藏巖居民李清雄先生後記

《華文現代詩》第 17 期，頁 63

文　林作品　　　　紅袖藏雲作品　　　俊　歌作品

春　臨　　　　尋　　　　　網　路

不經意的打開一扇窗　　　（一）　　　　有時網路　就像天堂
飛來美麗的驚喜　　　　漫山嫣紅　　　　有人一進去就不想出來
環繞　　　　　　　　　詩畫紛飛　　　　不想面對現實的人生
是靜靜的群山　　　　　儘管新芽微吐
擁抱　　　　　　　　　卻不知人面何處？　網路世界　充滿幻象
是暖暖的溫情　　　　　（二）　　　　　懷抱美麗夢想創意無窮
　　　　　　　　　　　捧著芽苞　　　　未來自己去營造想像
不經意的輕撫　　　　　萬物微語
留下銘心的痕影　　　　掏洗的春　　　　走入網路　無限希望
懷念　　　　　　　　　躲到哪兒去了？　也開始人生迷失的旅程
是微微的細語　　　　　　　　　　　　　得與失總是令人迷惘
難忘　　　　　　　　　　秋
是沉沉的情音　　　　　　　　　　　　　虛來幻去　迷思迷情
　　　　　　　　　　　一來就拋媚眼　　不可自拔只有一種解藥
不經意的回首　　　　　使樹葉紅了臉　　關機離開重回人生路
薰風拂面而過　　　　　枝椏抖落了心事
迎來醉人的微笑
那是
春神

《華文現代詩》第9期，頁127。　《華文現代詩》第9期，頁115。　《華文現代詩》第6期，頁134。

名家經典詩作

永遠是珍品的早年台灣小詩

向明特輯《華文現代詩》第 18 期，頁 57-61。

（附注：本資料為供教學與研究用）

蝶之美學　羊令野

用七彩打扮生活
在風中，我乃紋身男子
和多姿的花兒們戀愛整個春天
我是忙碌的

從莊子的枕上飛出
從香扇邊沿逃亡
偶然想起我乃蛹之子
跨過生與死，孕育美麗的日子

現在一切遊戲都告結束

且讀逍遙篇，夢大鵬的飛翔
而我，只是一枚標本
博物館在研究我的美學

全人類都在流浪　羅　門

人在火車裡走
火車在地球裡走
地球在太空裡走
太空在茫茫裡走
誰都下不了車
印在名片上的地址
　　　全是錯的

微悟　林　泠

—— 為一個賭徒而寫

在你的胸臆、蒙地卡羅的夜呵
我愛的那人正烤着火

他拾來的松枝不够燃燒、蒙地
卡羅的夜
　　他要去了我的髮
　　　　　我的脊骨

水手刀　鄭愁予

長春籐一樣熱帶的情絲
揮一揮手即斷了
揮沉了處子般的款擺着綠的島
揮沉了半個夜的星星
揮出了一程風雨來

一把古老的水手刀
被離別磨亮
被用於寂寞，被用於歡樂
被用於航向一切逆風的
桅蓬與繩索……

老子　張　健

牙齒掉光了
喝一碗月光

沒有一本書
比夜更扎實

紙烟　朵　思

聞得到那細細碎碎萎落的聲音
彷彿一瓣瓣心事
馱伏着捻也捻不掉的痴迷
在向日月辯說

是那樣慢慢燃燒着
終至看不到自己的懦弱
有了混淆

所以，那最後的一星火
已不只關係着尼古丁與灰燼的
開始與結束

花賊與我　　陳秀喜

那個人以迅速的手
摘了玉蘭花
口袋裡洋溢着花香
他以為沒有人看到
嘴邊留着暗自高興的微笑走了

那個人不知道
比他高興的是我
玉蘭花跟他下山讓更多人欣賞
我在他背後偷偷地笑
覆葉下還有那個人沒看到的
一朵大玉蘭花

男人　　羅　英

在昏暗的燈光下
吸香烟的男子
望着自己的靈魂
裊裊地升起
升起，繞過枯乾的盆景
消逝在
月光的背後

窖　　利玉芳

你看我無窗
就說裡面沒有愛

那是因為你站得太遠

靠近我
且展開你的雙手
像這些女工一樣
藉着一絲絲透進來的光
一塊塊地卸下
堆砌在你心裡頭的磚

小舟　　方　旗

孤獨的小舟都是歪斜地擱着
　全世界的沙灘都是如此的
　　而如同歪斜的頭
　　　裡面充盈着悲哀

基督的臉　　喬　林

我的眼睛裡
沒有淚
我的汗珠裡
沒有水
我的鬚髯裡
沒有皮肉
我的鼻孔裡
沒有呼吸
我的嘴唇裡
沒有語言

第二酒廠　辛　牧

第二酒廠像個過時的闊佬
歪歪斜斜的倚靠忠孝東路邊

從天黑到天亮
從天亮到天黑
啣着一根大煙嘴

孩子們在黑雪中玩耍

往日的路　　楚　戈

藏在記憶裡的
一條石板路
常常會從聽道深處
歌唱起來
有時是牛蹄的節奏
有時是木屐的跫音
一一出現在那挑担的形象中

很久以前我從這裡
走向了地平綫
如今迷失在柏油路上
不得回頭

推窗　　管　管

推窗
鳥聲驟止
一樹當胸而立
要談談嗎？

手鐲　　馮　青

這世事
遠不如你腕上的鐲子
這般透明好看

你說
鐲子的顏色變深了
秋也深了

那是吸了生命之血的緣故
那時，你時常注視着的
美麗的自己
竟已潛入
鏡子的最深處

冷的方程式　　彩　羽

歡喜流的
都浮沉在水裡
歡喜飄的
都消失在雲中
我抬起頭來的肩
把累積的風雨舉高而推升
到我的髮尖
而後
降落到大地

即成為皚皚的白雪

試驗之一　　席慕蓉

他們說　在水中放進
一塊小小的明礬
就能沉澱出　所有的
渣滓

那麼　如果
如果在我們心中放進
一首詩
是不是　也可以
沉澱出所有的　昨日

石頭因悲傷而成為玉
杜十三

文字涅槃之後送去火葬場
留下的舍利子是詩
石頭拒絕說話被斧鑽逼迫吐出
真言
剖開的滿腹心事是玉

文字是因為歡喜而成為詩
石頭　是因為悲傷而成為玉

傘　　拾　虹

一顆砲彈把花開在空中
成為一把小小的紅傘
是姐姐心愛的嫁妝

出嫁那天
姐姐穿着雪白的禮服
撐着小紅傘悄悄地走了
一直沒有回來
一直沒有回來

夜裡　庭院的小紅花偷偷開了

原來是姐姐撐着小紅傘回來

番石榴　　葉　珊

因為，如果有秋，番石榴的葉也
黃了，紅了，或許掉了
我乃托她遞個信，說如果你路過
埃及，別忘了為我採購一些煙
草啦等等的

但你說你只愛橄欖……
唉！你真傻，橄欖是苦澀的，
而且家裡多的是，滿山滿園哩！

從祖父舉了秀才那一年，我就知道
番石榴園是你家的，雖然
我還沒有生下，喲！我是知道的、
我總是在下霜的夜晚，提個灯籠
上園裡走走，偷聽下
你的琴聲，叮叮噹噹的

第二篇　童詩、青少年詩、台客語詩與身障詩人統計作品

童詩、青少年詩統計與詩人作品

　　按 B 表，《華文現代詩》創刊到二十期，童詩青少年詩作品，有一百五十一家小詩人。凡有兩期以上刊出作品者，收入本詩選集，有：周梓齊、洪莉晴、陳昱倫、黎雨柔、陳威綸、洪芳妤、林采葳、謝瑋麟、呂彥達、洪楷崴、王萱芸、邱奕慈、梁穎彤、陳明遠、王堯澈、陳玟妤、劉彥彤、何子灝、陳欣佑、陳侑萱、陳立輆、莊竣翔、莫子彥、金芮溙、徐筱棠、何亞妍、張玉芝、蘇茂誠、羅士軒、胡豐麟、陳建輔、虞皓程、王柏翔、黃曼瑋、劉定睿、朱家儀、王品儒、李琳亘、周琦諭、辛萬朔、徐靖雅、李知穎、郭德宓、盧禹彤、吳如薇、陳穎寬、黎宜誼、何渝薇、陳威帆、林宸緯、胡佳珈、胡佳芫、康紘齊、詹靚瑜、陳欣妍、張芷菱、陳昀希、陳品博、董致輔、詹喻媃、王松平、張姝晴、黎洛穎。

　　共有六十三位小詩人，其他尚有近百位雖只刊出一次，相信他們在「詩田」裡也下了種，只待因緣成熟，自然會長芽、發枝，乃至開花結果。

《華文現代詩》創刊到二十期童詩、青少年詩統計表(B)

編號	詩人	期別																				計
		創	2	3	4	5	6	7	8	9	10	11	12	13	14	15	16	17	18	19	20	
1	周梓齊	1	1			1																4
2	邱冠傑	1																				1
3	洪莉晴	1	1																			2
4	陳昱倫	1	1	1							1			2								6
5	黎雨柔	1	1	1																		3
6	莫一波	2																				2
7	陳威綸		1	1				2	2		2	2			3	2	3					18
8	洪芳妤		2	1			1	1			1											6
9	林采葳		2			2	1															5
10	賴建宇		1																			1
11	吳蘋珈		1																			1
12	張涵雅		1																			1
13	謝瑋麟		1	1						1	1	1										5
14	姚禹丞		1																			1
15	陳孟夏			1																		1
16	呂彥達			1			2															3
17	劉映彤			2																		2
18	洪楷崴			2		1	1	2		2	1		1									10
19	黃立中			1																		1
20	莊子昂			1																		1
21	王萱芸			1			1															2
22	周晟傑			1																		1

編號	詩　人	期　別 創	2	3	4	5	6	7	8	9	10	11	12	13	14	15	16	17	18	19	20	計
23	邱奕慈		1				1															2
24	許其正		1																			1
25	梁穎彤		1				1															2
26	邵紫甄		1																			1
27	謝鎮樺		1																			1
28	陳明遠				6	1	2	1														10
29	王堯澈				2	1																3
30	陳玟妤				1	1																2
31	白芯瑜				2																	2
32	劉彥彤				1		1															2
33	何子灝				1	1	1															3
34	王宜卉					1																1
35	陳欣佑					2	2	2	1	1	2		2									12
36	簡子翔					1																1
37	李愷婕					1																1
38	陳顯文					1																1
39	陳侑萱					1			1	1												3
40	黃翊亭					1																1
41	楊智宇					1																1
42	陳立軫					2	2				1	1										6
43	莊竣翔					1					2				3		3		2			11
44	黃洛瑤					1																1
45	莫子彥					2	3															5

編號	詩　人	期														別						計
		創	2	3	4	5	6	7	8	9	10	11	12	13	14	15	16	17	18	19	20	
46	郭欣瑤					1																1
47	黃雨成					1																1
48	杜欣隆					1																1
49	蔣孟潔					1																1
50	黃詠琳					1																1
51	金芮溙						2	1	1	1	1	1	1	1								9
52	徐筱棠						1		2							1	1					5
53	何亞妍						1	1	1	1		1	1									6
54	劉子瑄						1															1
55	蔡承育						3															3
56	張玉芝						1	2	2													5
57	蘇茂誠						1	2	2		1	1	2	1								10
58	羅士軒						1		2			1										4
59	蔡承熙						1															1
60	黃乙芯						1															1
61	沈信傑						1															1
62	陳伊苓						1															1
63	陳旻喧						1															1
64	陳佳筠						1															1
65	胡豐麟							1		1		2										4
66	陳建輔							2							4							6
67	虞皓程							2	2	1												5
68	王柏翔							2		3		1										6

編號	詩人	創	2	3	4	5	6	7	8	9	10	11	12	13	14	15	16	17	18	19	20	計
69	黃曼瑋							2		2												4
70	陳禹昕							1														1
71	陳慧璇							1														1
72	顏維廷							1														1
73	林佳穎							1														1
74	白鎔維							1														1
75	陳品岑							1														1
76	劉定睿							1							1							2
77	郭怡君								2													2
78	朱家儀								1	1	2	1	2		2							9
79	吳如薇								1													1
80	王品儒								1	1	1	1										4
81	李琳亘								1	1	2	1			3							8
82	周琦諭								1	1	2	1			3							8
83	蔡宜凌								1													1
84	辛萬朔									2	1											3
85	辛萬朔									2												2
86	吳芷安									2												2
87	吳芷妍									2												2
88	徐靖雅									2	1											3
89	李知穎									1	1	1										3
90	楊芸甄									1												1
91	郭德宓									2			1									3

編號	詩人	期別																				計
		創	2	3	4	5	6	7	8	9	10	11	12	13	14	15	16	17	18	19	20	
92	黃資貽									2												2
93	盧禹彤									1	1		2		2							6
94	吳如薇									1	1	1										3
95	郭承嘉										2											2
96	李宗勳										1											1
97	陳穎寬										2		2									4
98	王勝篁										1											1
99	張碩涵										1											1
100	王閎晞										1											1
101	黎宜誼										1	1	1									3
102	孫慶如										1											1
103	陳佳暐										1											1
104	何渝薇										1	1										2
105	蕭儀姿										1											1
106	林詠真										2											2
107	林學庠											1										1
108	林莉安											1										1
109	陳　建											1										1
110	張助成												2									2
111	陳相叡												2									2
112	陳威帆												3		3							6
113	林宸緯												3		2	3	1					9
114	胡佳珈												2	1		2			2			7

編號	詩人	期																		別	
		創	2	3	4	5	6	7	8	9	10	11	12	13	14	15	16	17	18	19	20	計
115	胡佳芫												2	3			2	2			2	11
116	黃怡茜													1								1
117	賴芸昀													1								1
118	康紘齊													1	3			2	2			8
119	詹靚瑜													1	2					3		6
120	陳欣妍													1	2	1			3			7
121	蔡依秀														3							3
122	張芷菱														2		4	3				9
123	陳昀希														3		2					5
124	吳泳霆														3							3
125	蔡宥韋														2							2
126	陳品博														2				3			5
127	董致輔															3		3				6
128	陳禾家																1					1
129	黃柔惟																1					1
130	廖于萱																1					1
131	洪思涵																1					1
132	張淙瑜																1					1
133	蘇詩惟																1					1
134	詹喻嫊																3			2		5
135	卓子軒																1					1
136	王松平																1		1			2
137	邱愉雅																	1				1

編號	詩 人	期																	別				計
		創	2	3	4	5	6	7	8	9	10	11	12	13	14	15	16	17	18	19	20	
138	張姝晴																	1	3			4
139	徐瑋蔓																	3				3
140	丁　口																	2				2
141	陳冠言																		2		3	5
142	張博勛																		2		2	4
143	黎洛穎																		3	3		6
144	李怡萱																			1		1
145	李育蓁																			3		3
146	曾昱豪																			3		3
147	林呈諒																			3	3	6
148	李韋翰																			4	3	7
149	莊子微																			3		3
150	林育蓁																				2	2
151	張語津																				3	3

童詩、青少年詩人作品

周梓齊作品（新北市秀朗國小五年級）

星　星

星星是調皮的小娃娃
太陽公公想抓她
卻跟不上時間的腳步
只好發出強烈的光芒
但星星閃呀閃
太陽公公只好認輸

《華文現代詩》創刊號，頁111。
2014.5

愛

愛像一隻鳥
不斷地飛
飛向世界各角落

愛像一隻貓
悄悄溜進每個人心房
使人招架不住

愛像一瓶酒
使人神魂顛倒

無法看清真相

愛很執著
默默尋找另一伴
愛很迷人
一旦開始
就無法結束
愛
永遠存在每個人心中

《華文現代詩》第2期，頁126。
2014.8

洪莉晴作品

（新北市秀朗國小五年級）

媽媽的手

媽媽的手
像是堅實的靠山
無私奉獻
讓我無憂無愁

爸　爸

爸爸的鬍鬚
短短的
刺刺的
像太陽般的光芒
充滿了愛

《華文現代詩》創刊號，頁111。
2014.5

《華文現代詩》第 2 期，頁 127。
2014.8

陳昱倫作品

（新北市秀朗國小五年級）　　　　（時新北市秀朗國小六年級）

黑　洞　　　　　　　　水

黑洞是一個超級大胃王　　　　　水是大自然的舞蹈家
似乎永遠吃不飽　　　　　　　　以優美的舞姿體現內涵
不論什麼東西都可以吸走　　　　流入小河
連太陽也不是它的對手　　　　　流入溝渠
　　　　　　　　　　　　　　　向世人展現她的美麗
　　　　　　　　　　　　　　　流入湖泊
　　　　　　　　　　　　　　　流入大海
　　　　　　　　　　　　　　　讓人們目睹她的力量
　　　　　　　　　　　　　　　在世界各地表演
　　　　　　　　　　　　　　　吸引眾人目光

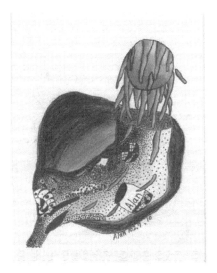

《華文現代詩》創刊號，頁 112。　　　《華文現代詩》第 3 期，頁 120。
　　　2014.5　　　　　　　　　　　　　　2014.11

黎雨柔作品

（新北市秀朗國小六年級）

白　雪

一點一滴在天上
掉到我頭上
變成白白的雪人

只剩下
兩個石頭般眼睛
一根胡蘿蔔似的鼻子
還有　拿著掃把掃雪的
頭髮

《華文現代詩》第 2 期，頁 127。
2014.8

頭　髮

長的　短的
有黑　有白
還有高雅的咖啡色
是女人的生命
如果沒有它
便無法展美麗丰采

《華文現代詩》第 3 期，頁 120。
2014.11

陳威綸作品

（新北市秀朗國小三年級）

獅　子

牠是森林裡的皇帝
常常以大欺小
經常狡猾地欺騙小動物
最後大夥兒不想理牠

《華文現代詩》第 3 期，頁 123。
2014.11

（時新北市秀朗國小四年級）

颱　風

平時偽裝成小水滴
到了陸地
馬上化成颱風
盡情的毀滅大自然

天空的家庭

太陽和月亮是夫妻
滿天星星是他們的孩子
因為太陽很忙碌
星星們都跟著月亮度日
所以一家人
從沒團聚過

《華文現代詩》第 10 期，頁 151。
2016.8

洪芳妤作品

（新北市永和國小五年級）

陽光灑在台北街上

原本烏雲密布的天空
被太陽親吻後
烏雲都嚇跑了
台北街上
太陽　是威風的英雄

創造大地風采

春天來了
花仙子把大地染了色
春神使動物們甦醒了
和繽紛的花朵
一起歌頌春天

《華文現代詩》第2期，頁129。
2014.8

（時新北市永和國小六年級）

風　箏

有雙隱形的翅膀
在空中翱翔
飛過鄉村
飛過城市
以可思議的多樣面貌
展現無比的威風
也使人們展露笑容

《華文現代詩》第6期，頁153。
2015.8

林采葳作品

（新北市秀山國小五年級）

花

是大自然的主角，
開花時像在靜坐，
沉穩內斂，
孤芳自持，
雖然靜止不動，
卻是它一生，
正值壯年唯美的時刻。

零　食

人們又愛又恨的東西，
吃多，怕肥胖，
吃少，又欲罷不能，
根本就是：
「毒品二號」！

（時新北市秀山國小六年級）

魔術方塊

「喀、喀、喀」，
清脆的聲音，
喚起小朋友的思考動力，
一玩再玩，
百玩不厭，
迷人的機智遊戲。

《華文現代詩》第 6 期，頁 153。
　　2015.8
　　　　。

《華文現代詩》第 5 期，頁 143。
2015.5

謝瑋麟作品

（新北市板橋高中二年級）

氫氣球

心，在高空，
但身體卻滯留地面，
跳躍，翻滾，擺動，
不情願地起舞，
只因粗短小手不斷拉扯。

心，仍在高空，
身體卻懸於天花板，
隨著風，巡弋房間，
悄然無聲，
只默默望著美麗的小手。

心，已不再嚮往高空，
身體日益消瘦，
漸漸下沉，
盡力飄近枕邊，卻被小手
粗暴推開。

心，槁木死灰，
身體乾枯凋零，
渴求溫暖，
而那雙逐漸成長的手，

卻把玩著新穎玩具。

最終，氣消殆盡，
身體無助倒下，
同樣的手，此時卻持掃把，
將我與灰塵髒汙
一起趕入絕望深淵。

《華文現代詩》第 10 期，頁 154。
2016.8

呂彥達作品

（新北市錦和國小六年級）

（時新北市錦和國中七年級）

海

你是一位出色的舞蹈家
天天跳著不同的獨特舞步
一會兒東，一會兒西
讓人心花怒放

你是一隻張牙舞爪的龐大猛獸
天天伺機吞噬可憐的獵物
一會兒撲，一會兒咬
讓人心有餘悸

你是一位天生的雕刻家
天天努力雕刻岸邊的岩石
一會兒敲，一會兒打
讓人讚不絕口

大海呀大海
你無所不能
像極位掌管世界的天神

《華文現代詩》第 3 期，頁 121。
2014.11

太　陽

白天
就像是一位高高在上的皇帝
用剛烈火紅的雙眼
傲視群雄
夜晚
就像流落街頭的老人
眼神散漫無光

但即使永遠長生不老
　即使高高在上
　即使看遍人世間生老病死
也無法改變我們的生命

太陽啊!太陽
你究竟是天神
還是平凡的人類呢?

《華文現代詩》第 6 期，頁 155。
2015.8

洪楷崴作品

（新北市中和國小五年級）　　　　（時新北市中和國小四年級）

蝴　蝶

一隻幼蟲從卵中鑽出
緩慢的爬出卵殼
細小的大顎不斷啃食著綠葉
一次又一次的脫皮
是逐漸成長的足跡
一步步走向成蛹的階段

某天停止活動
吐出一條又一條細緻的白絲
細綁著瘦弱的身軀
不畏颱風下雨
不畏艱難
在蛹中成長

曙光乍現
穿透了雲霧
美麗的蝴蝶破蛹而出
張開彩艷的翅膀
振翅高飛
向美好的明天

《華文現代詩》第 6 期，頁 154。
　　2015.8

夢

有時是可怕的壞蛋
讓人厭煩
有時是善良的好人
讓人心歡
夢是雙面人
難以捉摸

樹和草

樹和草是好朋友
但一個高壯
一個低矮
差了十萬八千里

《華文現代詩》第 3 期，頁 124。
　　2014.11

王萱芸作品

（新北市永和國中七年級）

楚河漢界

有如項羽與劉邦
在棋盤中劃下一道
永世的河界
也在歷史上
留下一筆
腥風血雨的淒涼

《華文現代詩》第 3 期，頁 127。
　2014.11

（新北市福和國中九年級）
髮

一絲一絲
藏著歲月的惆悵
一綹一綹
帶走腦海的回憶
又化為
一條又一條白線
放入了經驗
陪伴到　垂垂老矣

《華文現代詩》第 6 期，頁 155。
　2015.08

梁穎彤作品

（新北市永和國中八年級）

棉花糖

我看見雲朵，
就想起棉花糖。
我看見棉花糖，
就想起媽媽的愛。
我希望
媽媽的愛，
永遠都是甜甜的。

《華文現代詩》第 3 期，頁 129。
　2014.11

玩　具

我在一個
紙皮箱
被一個人
遺棄了
我也有
傷心
的一刻

《華文現代詩》第 6 期，頁 159。
　2015.08

邱奕慈作品

（新北市永和國中七年級）

路　燈

堅強的勇士

挺立在黑暗中

帶領人們朝正確方向

前進

夜晚的太陽

放射絲絲溫暖

照亮每一個靈魂

不再徬徨猶豫

不再陷溺寂寞

帶領走向光明

（時新北市永和國中八年級）

沙漠甘泉

任歲月更迭

滾滾沙塵

喃喃訴說

得水者可一統天下

漫漫長途

只為得到一滴甘泉

無情的泉水啊

是否聽到人們的哀嚎

因為你

是活下去的希望

《華文現代詩》第3期，頁128。
　2014.11

《華文現代詩》第6期，頁157。
　2015.08

陳明遠作品

（沙鹿國中同學詩耕田地）

玩　具

玩具不見了

孩子死命地找

在爸爸眼中

只是不起眼的玩具

但對於孩子

卻是千金難買的寶

孩子之於爸爸

也能像

倉惶無措的玩具

之於孩子嗎？

《華文現代詩》第 5 期，頁 148。
2015.05

。

秋

蕭瑟的風

吹起了濃濃思愁

凋零的心情

顫抖的手

握不住

遠颺的溫柔

海　鷗

既不被湛藍的海水著染

也不溶於蔚藍的天空

你不染纖塵

迴旋於晴空碧海間

《華文現代詩》第 6 期，頁 161。
2015.08

王堯澈作品

（沙鹿國中同學詩耕田地）

小　草

成千上萬
小小的存在
在橫臥的巨人
那厚實的胸膛上
建立起
屬於他們的王國

黑色彩虹

黑，如一道彩虹
可以如黑洞般深不見底
可以如宣紙上的墨痕般清淡

黑，可以如濃霧般朦朧
也可以如鏡面般閃耀

黑，徹底展現了它那
單純中蘊藏的繽紛

《華文現代詩》第4期，頁152。
2015.02

時　間

不會累的人
不斷地走

微響而蕩開的跫音
滴答滴答

提醒我們
跟上他的步伐

《華文現代詩》第5期，頁148。
2015.05

陳玟妤作品

（沙鹿國中同學詩耕田地）

落　日

黃昏時
強擠出困倦
又溫暖的笑容

那是對人間的
絲絲不捨

《華文現代詩》第 4 期，頁 152。
　2015.02

浴　缸

一艘小小的獨舟
一雙小小的划槳
擺盪開來

我
航向了大海

《華文現代詩》第 5 期，頁 148。
　2015.05

劉彥彤作品

（九龍塘官立小學）

月亮掉下來了

月亮掉下來了
路人抬頭看
天空一片黑暗
沒有了月亮
星星狐獨了
就像我一樣
沒有了媽媽

《華文現代詩》第 4 期，頁 153。
　2015.02

假如我是風

假如我是風
我會將所有人的不快
吹掉
假如我是風
我會把農田的稻米
吹熟
假如我是風
我會把我的幸福
交給別人

《華文現代詩》第 6 期，頁 158。
　2015.08

何子灝作品

（九龍塘官立小學）

月亮掉下來了

月亮掉下來了！
月亮上的玉兔掉下來了！
人們齊集公園參觀；
突然，
月亮升上去了，
玉兔卻留下來了，
帶著快樂和希望，
永不消失。

《華文現代詩》第 4 期，頁 153。
　2015.02

玩具車

當我失落時，
總是會有
一輛玩具車
駛到我面前，
令我想起
祖母的臉。

《華文現代詩》第 6 期，頁 159。。
　2015.08

陳欣佑作品

（台北市五常國小）

時　間

時間像雕刻師，
在人們的額頭，
刻出一條條的皺紋。
又像油漆工，
喜歡把人們的頭髮，
漆上白色的油漆。

時間，
控制人們，
掌握著未來。

《華文現代詩》第 6 期，頁 152。
　2015.08

媽媽的心情

媽媽的心情像紅綠燈：

綠燈時，

笑容滿面；

黃燈時，

愁眉苦臉；

紅燈時，

就會火冒三丈。

希望媽媽的心情永遠是綠燈，

帶給我幸福美滿。

《華文現代詩》第 5 期，頁 141。
　2015.05

陳侑萱作品

（新北市中和國小四年級）

黃　鶯

黃鶯身穿黃衣裳，
每天高聲歌唱，
是第一個去迎接春天的小姑娘，
也是把我從夢中叫醒的好孩子。

黃鶯總是把煙囪當麥克風，
把屋頂當舞臺，
輕盈優雅地唱歌。
冬天不見牠的蹤影，
漫步在森林間，
好像在跟我玩捉迷藏。

黃鶯啊！黃鶯
是你躲在樹洞中？
還是我的視力不好？
或是你仿照候鳥南邊？
不管怎樣，
請快出來，
我想聽你歌唱！

《華文現代詩》第8期，頁166。
　2016.02

鴿　子

親愛的你，
怎麼每天穿灰衣？
在爸爸的書房外歌唱，
唱得愈來愈開心，
　　愈來愈大聲，
直到家人抗議，
才把你趕走。

親愛的你，
每天都和魔術師合作，
變出許多新奇的玩具。
親愛的你，
原來就是傳說中的，
「和平」的象徵啊！

《華文現代詩》第9期，
　頁151。　2016.05

圖／陳侑萱

陳立幹作品

（新北市秀朗國小五年級）

孔　雀

動物園裡最耀眼的國王
求婚時
繽紛色彩的英姿
吸引許多觀眾

老　鼠

像小偷一樣
每天神出鬼沒
只要看到起司
他就往前衝
只要看到貓
就往後跑

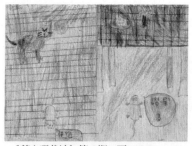

《華文現代詩》第 5 期，頁 145。
2015.05．。

（時新北市秀朗國小六年級）

獵　豹

他是短跑選手
在一望無際的草原快速奔馳
只要飢腸轆轆
就會毫不留情
往獵物身上一跳
大口吞噬

鉛筆盒

鉛筆盒像一條小河流
筆是從天而降的雨滴
每當筆越來越多
河水就會變得湍急
一旦暴漲
便氾濫成災

《華文現代詩》第 6 期，頁 154。
2015.08

莊竣翔作品

（新北市中和國小四年級）

落

擁有一支長長的犄角

隨時用這把武器

與對手打架

《華文現代詩》第 5 期，頁 144。
　2015.05

夏　天

夏天像吸水惡魔

把水都吸到天上

然後下起滂沱大雨

許多人在玩水

反而感謝惡魔

讓人們有了無數的悲傷與快樂

獎　狀

獎狀像開心果

悲傷或生氣的惡魔

只要看到他

也會變成天使

《華文現代詩》第 10 期，頁 151。
　2016.08

莫子彥作品

（九龍塘官立小學）

乒乓球

如果名詞有反義詞

成績表就是乒乓球

乒乓球你打

向上就向上

向右就向右

成績表不容易

用力過度

可能會越了界呢！

《華文現代詩》第 5 期，頁 148。
　2015.05

積　木

我在市場裏買了

時間

我看見

積木旁的我

和抱着積木的

媽媽

月亮掉下來了

月亮正在掉下來

爸爸媽媽帶着

我

走上那架地球開往火星的

飛船

給我坐着

優先座

做明天要交的

功課

《華文現代詩》第 6 期，頁 158。
　2015.08

金芮溱作品

（新北市永平國小四年級）

四　季

春天就像美麗的公主
喜歡把自己打扮得
漂漂亮亮

夏天是一顆火球
把大地烤焦了
不管是什麼生物都在躲它

秋天來臨時
落葉就會撒落滿地
讓大地穿上紅色大衣

冬天就像冰雪女王
有強大的魔力
讓大地穿上白色衣裳
展現美麗

《華文現代詩》第8期，頁164。
2016.02

（時新北市永平國小五年級）

運動會

「砰　！」槍聲響起
選手們努力的向前衝刺
各個像火箭般
神速的越過終點
但是也有人像汽車
緩慢的跑
在旁邊加油的啦啦隊很勤勞
像蜜蜂一樣
一直大喊都不會累

每個人在跑的時候
不免會往後看
想知道別人的戰況
但可能由於這樣
就沒有注意已經有人後來居上而輸了

這只是小小的測驗
輸了再努力
看似選手們對自己的表現都滿意
在笑聲中
比賽落幕了

《華文現代詩》第11期，頁147。
2016.11

徐筱棠作品

（新北市秀山國小四年級）

狗

「汪汪汪」
臘腸狗跟我打招呼
東跑跑
西跳跳
好像要和我玩耍

我伸出友誼的手
把牠抱在懷中
卻以憂愁的眼神看著我
好像在訴說牠需要朋友

《華文現代詩》第8期，頁166。
　2015.05

（新北市秀山國小六年級）

小火球

我有一隻肥肥胖胖的貓

春天時
牠望著盛開的花兒慢慢的綻放

就像剛出生的小寶寶
對新事物充滿好奇

夏天時
牠躺在冰涼的地板上
吐著微小的舌頭
要求我們開冷氣
就像電力公司催繳電費

秋天時
牠看著屋簷上的枯葉
隨風紛紛落下
彷彿思念著家人
期待下一次相遇

冬天時
牠會與我們擁抱　一起玩樂
就像小火球給對方溫暖的幸福
忘記了對家人的思念
只留下美好的回憶

《華文現代詩》第16期，頁172。
　2018.02

何亞妍作品

（新北市永和國小五年級）

颱　風

今年秋天
是個特別季節，
一個個颱風大駕光臨，
先是莫蘭蒂小姐登門拜訪，
馬勒卡先生尾隨在後，
梅姬小可愛驚豔全台，
芙蓉好似一個殺人狂，
艾麗嬌小玲瓏，
神不知鬼不覺的出沒，
令人捉摸不定。
颱風像是劊子手，
把樹林砍掉；
颱風像是破壞狂，
把樹連根拔起，
把屋頂掀開，
彷彿要把大地破壞殆盡。

颱風啊，
求你行行好，
不要再把氣出在台灣身上。

《華文現代詩》第 11 期，頁 146。
　2016.11

蘇茂誠作品

（新北市私立南山中學國中部八年級）

漢高祖

參天巨木不以高度為傲
赤兔馬不以速度而自滿
荒原中的一匹狼
孤獨品嘗無味的風
嘴角卻掛著輕蔑的微笑
叛離了狼群
這匹自負的狼
以驕傲環視沙場
笑容依舊不減
因他
已得到咸陽

無　題

你說喜歡曬太陽
但在陽光明媚的日子
卻足不出戶
你說喜歡吹風
但在微風輕拂的時候
卻把窗戶緊鎖
這就是為何我擔心
你說你喜歡我

《華文現代詩》第 8 期，頁 168。
　2016.02

張玉芝作品

（新北市私立崇光女中國中部八年級）

喜怒哀樂

歡喜時

我是一隻翱翔於天際的鳥兒

氣憤時

我是從火山口爆出來的岩漿

傷心時

我是從噴泉口湧出來的水花

快樂時

我是從森林中盡情奔放的羚羊

喜怒哀樂

交織成生命美麗的風景

《華文現代詩》第 7 期，頁 140。
　2015.11

親人的愛

媽媽的愛是我的翅膀

讓夢想飛翔

爸爸的愛是我的肩膀

讓重擔減輕

奶奶的愛是我的依靠

人生酸甜苦辣

全向她訴說

他們的愛

豐富了我的人生

引領我向幸福前行

《華文現代詩》第 7 期，頁 139。
　2015.11

畢業那天

驪歌響起

鳥兒高聲歌唱

花兒綻放笑靨

彷彿在訴說

六年學涯的點點滴滴

每一刻都難以忘懷

每一段都是

永恆

《華文現代詩》第 8 期，頁 169。
　2016.02

羅士軒作品

（新北市永平國中七年級）

零 化

當一切都歸零，你是否還會記得我？

是回憶起倆人時光的時空倒流，

還是那似有似無的銀色漩渦。

是橫躺在眼前，伸手可得的明亮光球，

或是躲在那陰影重重，煙霧瀰漫的暗處角落。

當一切都歸零，你是否還會記得離別時的淚水及我哀傷的輪廓？

過去式

當世界毀滅時，只剩下我。

當所愛之人皆消失時，只留下我。

當一切回憶盡成為過去式時，只有眼淚，是進行式。

當一切感官全都麻木時，只有痛苦，依然持續。

凝望眼前的無盡深淵，

彷彿我才是那個被遺忘的，

過去式。

《華文現代詩》第9期，頁159。
2016.05

胡豐麟作品

（新北市秀朗國小五年級）

如　果

如果我是老鷹
就可以在天空飛翔
看看天、看看雲
看看世界多美麗

如果我是老鷹
就是天上的大王
飛得快、飛得遠
誰都比不上

如果我是老鷹
要朝向夢想飛翔
許出一個個心願
實現每個夢想

如果我是老鷹
抱著懷滿希望
拋棄舊的技能

學習新的技術
讓自己變得更美好

《華文現代詩》第 9 期，頁 150。
　2016.02

月亮姑娘

中秋夜晚
來了一位小姑娘
誰也碰不到
只能在一旁欣賞
她在夜空跑啊跑
烏雲出現
姑娘不見了
天亮了
再也沒蹤影

《華文現代詩》第 7 期，頁 137。
　2015.02

陳建輔作品

（新北市秀朗國小六年級）

獵　豹

獵豹是陸地上速度最快的短跑
選手
如果餓了
沒有動物可以逃脫他的追殺
因為他是賽跑高手

螳　螂

螳螂是一位冷血殺手
只要一看到想吃的昆蟲
就使出剪刀手
所以大家都不敢靠近他

袋　鼠

袋鼠是一位跳遠選手
它可以跳躍得比人還遠
跳過草原
跳出驚人的距離

袋鼠也是一位拳擊手
只要感到被威脅
就會還手
所以沒有人敢來攻擊他

《華文現代詩》第 15 期，頁 170。
2017.11

王柏翔作品

（新北市福和國中八年級）

幸福是什麼

抽著雪茄，品著美酒，
遙望未來，渺不可知，
回望過往，
名聲、財富、佳人……
發現少了一物！
找遍屋舍，尋遍庭院，
卻毫無線索可尋！

綠陰下，
幾名孩童嬉笑、玩鬧，
他們的母親慈祥的凝視，
一如欣賞無價的珍寶。
轉過身，想找回曾經熟悉的目光，
迎來的，只剩吊燈冷冷的光暈，
投向自己，撫摸自己，
想像依然在母親懷抱……

慈恩的幸福烙印腦海，
無法磨滅的美好記憶。
驀然，
發現幸福竟是失去的
慈祥的目光、
溫暖的懷抱，
瞬間思潮湧動，
奔向記憶深處
母親的懷抱！

《華文現代詩》第 11 期，頁 140。
2016.11

虞皓程作品

（新北市福和國中九年級）

麻　雀

鳥群中的硬漢，
從不流下眼淚，
唯有自然使你快樂。
生命的結束由捕鳥人掌控，
唯有那時，
淚水才會伴隨英姿一起消逝。

愛之鑰

每個人的身上都有一把鑰匙，
可以打開不同的門，
進入不同的世界。
一條條細細的金鍊，
拖著的不是鑰匙—而是門。
當正確的門對上適當的鑰匙，
愛情的鎖就會被解開。

《華文現代詩》第 7 期，頁 139。
2015.11

長　城

千年石塊上的斑花，百年石壁上
的苔痕，
在天下之民的血汗下，
隨著時光向前、如卡帶般捲起，
一卷又一卷，不變的是你的身軀，
留下的番人們的煎熬，一槍、一
錐的碰撞出聲響。

不同的面孔，不同的感受，
歷經人間的盛衰，領主的交替，
依然保留著你的堅強意志；
坐擁連綿山峰，深淵峽谷，
守護著君王的陵寢與宮殿，
職志長懷心中。

黃泥般的江水，不計其數，
華美的風景、山河的光澤，
你依然不為所動，
但在寡女的聲淚控訴下，
你卻脆弱的分裂，猶如殘垣斷壁般，
跪倒在那孟姜女的衣裙下！

《華文現代詩》第 9 期，頁 157。
2016.05

黃曼瑋作品

（新北市私立南山中學國中部八年級）

太　陽

天空中的霸主

用熾熱的光明

保護所擁有的領地

搶盡了白雲的丰采

更獨佔了整個藍天

炙熱的溫度

如匕首般

刺穿了大氣層

朝人們襲來

恣意肆虐

使大地陷入一片燒灼

逼得人們揮汗如雨

無情的發動一波波攻擊

將自己的溫度毫無保留的

寄寓天線中

如千軍萬馬

一次次奔騰而來

讓人們無從得知

究竟

是冷酷，還是過於熱情

小　丑

站在舞台上

穿著滑稽的服裝

賣力表演著一成不變的橋段

屢次落入自己的圈套中

引來觀眾的哄堂大笑

並不是爲了博取掌聲

也不是爲了增添歡笑

卻得爲了生計

而成爲「滑稽」的代詞

換下了滑稽的面具

有多少人能知曉

深藏的心酸

《華文現代詩》第 7 期，頁 140。
2015.11

劉定睿作品

（新北市永和區秀朗國小六年級）

天空交響曲

風

把窗簾當成節拍器
把窗戶當笛子
一個個音符吹出
柔柔的旋律
令人沉醉其中
所以
天空是風的休閒場所

雲

把風當成推進器
自由自在的翱翔
鳥兒喜歡把彩霞當成休息處
所以
天空是雲的休閒場所

雷

轟隆隆的大展神威
把自己當成弓箭手

一支支利箭射下
高亢的聲響
令人害怕
所以
天空是雷的休閒場所

天空的休閒場所
讓風、雲、雷盡情展現
也帶來了驚奇

《華文現代詩》第 14 期，頁 165-166。
2017.08

朱家儀作品

（沙鹿國中詩獎作品）

哀母親
── 地球悲歌

她的心懷
本應安住著奇山異水
芬芳著造化的恩賜

然而
其子民們卻肆無忌憚地
蹂躪著山的裙圍
使冰山流成了淚
使廣覆植被的后土
頓失依靠　無比心折

當天空的霧霾擴延開來
你聽到了嗎？
那是失語的母親
正淚眼盈眶
嘆息著

短評：善於組織鋪排，轉銜有致；文末以童稚清新的口吻，描狀對於環境汙染的憂思，具象可感。

《華文現代詩》第 10 期，頁 158。
2016.08

琢　磨

與成功錯身
其罪不在
本質的成色

一次次的顛撲
只為了
將人生這塊璞玉
磨得細緻圓潤

《華文現代詩》第 12 期，頁 174。
2017.02

王品儒作品

（沙鹿國中詩獎作品）

朋　友

善體人意的摯友
以一把友情的鑰匙
解開自己的心鎖
卸下自己的心防

而背棄信用
強橫莽撞的損友
則總是出言不遜
持著語言的鋒刃
刀刀刺傷著
這一段友情

《華文現代詩》第 8 期，頁 170。
　2016.02

火　柴

他的一生
只為了點燃自己
以照亮無邊的黑暗

即使所激起的火花
僅有一瞬
也將永恆的閃耀

《華文現代詩》第 10 期，頁 163。
　2016.08

辛萬朔作品

（新北市復興國小六年級）

春天的魔術師

走到哪兒

那兒就有新芽從土壤裡竄出來

用巧妙的雙手

搖醒了冬眠的熊

讓大地穿上嫩綠的衣裳

也配戴雍容華貴的花飾

使萬物重獲新生

布

不知是犯下如此滔天大罪
必須接受針線的刑罰

針線不斷的穿梭於布匹間
而布是一聲一聲的哀嚎
淚水沿著角落一滴一滴落下
嚇到了在場的眾人

《華文現代詩》第 9 期，頁 148。
　2016.05

李琳亘作品

（沙鹿國中詩耕田地）

母　親

最粗糙　與最細膩
都是母親

母親的雙手
忙於家事而佈滿厚繭
母親的懷抱
鋪展成溫柔的床褥
以供我們安歇

輕聲的一句
「您辛苦了！」
便能平撫母親臉上的風霜
也能讓母親
擁著甜意入眠

痛

難以癒合的傷口
當又被有意無意的
灑上鹽巴後
深埋於內心的創口
就有如洋蔥般
一層一層地被剝開

也許心的創口所需要的
不是焦急的上藥
或者擁簇而上的撫慰

也許只待一陣陣柔煦的
時間的風吹拂而過
便能將傷口風乾
使破損的心情
癒合

周琦諭作品

（沙鹿國中詩獎作品）

友　情

像白天的陽光
夜晚的星星
一樣璀璨動人

也許它終究無法
像偉岸的河山
亙久相伴左右

但每當我們淪陷於
生命中的暗夜暝色
這一道友情的曙光
總會自人生的幽谷
破空而來

時　間

彷彿一道
望不見盡頭的鐵軌
載走了童年的笑語
載走了歡樂的場景

只留下遺憾的嘆息
以及許多仍把持在手中
緊緊不放的
過了站的日子

且再等我一會
我這就來了
準備一如既往的
勇敢地出發
前往下一站的
幸福

短評：寫青春心緒的悵惘與糾結。末
節的轉換念想，暗示詩人自長考的幽
林軌道中，即將突圍而出。

《華文現代詩》第 9 期，頁 161。
2016.05

《華文現代詩》第 10 期，頁 159。
2016.08

徐靖雅作品

（新北市錦和高中一年級）

外　套

你那單薄的軀體
是災禍後垂吊的殘骸
拖著沉重的臂膀
承受了酷暑裡殘存的污穢

你那厚重的身軀
是戰爭中倖存的勝者
輕踩寬鬆的步伐
繼承了寒冬中偉大的遺志

傳聲器

單腳站立於旋律的中心
你是曲調中無聲的啞巴
佇立的剎那
持續徒勞的吶喊

隻身駐守於音韻的路上
你是音樂裡傳遞的王者
於啟動的瞬間
歌頌混雜的樂章

《華文現代詩》第9期，頁153。
2016.05

李知穎作品

（臺北市靜修女中高中部三年級）

你

車水馬龍的城市裡
使我停下腳步的　是你
人來人往的街道上
使我全神貫注的　是你

你賦予這城市生命
　賜予我重生的心
　　使城市遠離「寂」
　　使我心擺脫「靜」

你讓這城市不再孤獨
　讓我的心馬不停蹄
　　讓這城市響起美樂
　　讓我的情不再獨奏

你是使我心賣力跳動的強心針
　是使這城市閃爍微光的流星
你圓滿了這城市的缺憾
　照亮了我心中的黑洞
　勾勒了這城市的美好
　彌補了我心底的遺憾

是你
是你
恢復我生命原有的頻率
填滿心靈缺少的回憶
帶來前所未有的
深刻

《華文現代詩》第11期，頁142。
2016.11

郭德宓作品

（新北市永和國中七年級）

觀老師的畫

層層疊疊的山峰，
綠草如茵的草地，
翁鬱茂盛的樹林，
這幅氣勢磅礡的畫，
出自一雙溫柔的手，
在想像力的海浪間，
勾勒出壯麗的山景。
我在畫裡，
看到了夢想。

《華文現代詩》第 9 期，頁 156。
2016.05

寂　靜

寂靜是風，
輕挽著陽光的臂，
散步在天色微亮的黎明。

寂靜是貓，
伴著月亮的光，
跳躍在濃稠如墨的深夜。

寂靜是雪，
牽著冬天的手，
舞在一片銀白閃爍的世界。

《華文現代詩》第 13 期，頁 159。
2017.05

盧禹彤作品

（沙鹿國中學生詩作品）

泡　茶

只有在開水裡
茶葉才能
施展開
生命濃郁的
香氣

《華文現代詩》第 10 期，頁 162。
2016.08

人　生

也許現實的壓力
暫時地扭曲了夢想
也許騰雲的志向
暫時地折翼蟄伏

然而
在重重壓力下
突圍而出的人生
卻也是歷經苦難後
最回甘的人生

《華文現代詩》第 9 期，頁 160。
2016.05

吳如薇作品

（沙鹿國中同學詩耕田地）

門

沒有自由
每天原地佇立
任人開闔的他
卻是我們最忠心的
守衛

當你需要時
他敞開懷抱
讓外面的世界
還諸於你

而當你需要避風的角落
他則總是硬挺著頸項
做你最堅強的
護盾

《華文現代詩》第 9 期，頁 160。
2016.05

原子筆

躍動於白色的汪洋
有時擱淺於考卷的暗礁
每天浮浮沉沉
一下子疾行
一會兒又牛步起來
每天隨時準備啟航

《華文現代詩》第 10 期，頁 162；2016.08。

陳穎寬作品

（新北市南山中學高中部二年級）

考試前

夜幕低垂
書房燈火通明
堆積如山的試卷
重壓在身上
再多干擾
擋不了出征的決心
再強防禦
也守不住筆下的攻勢
儘管早已身心俱疲
意志力仍驅使我
挑燈夜戰
只為贏得勝利

手　錶

一個方圓
環繞在手上
一顆電池
活化整個系統
三根組針
被賦予生命
隨時提醒渾然不覺的人們
光陰正一點一滴的流逝

腕上的指針
也跟著時間
滴滴答答……

《華文現代詩》第 10 期，頁 155。
2016.08

黎宜誼作品

（沙鹿國中同學詩耕田地）

排球賽

比賽輸贏有時
撲空了
趕緊再站起來補位
彷彿人生百態
跌倒或躍起
皆是過程

在那球場上的風雲
曾經的烽火洗禮
總能在回首靜思的剎那
引燃記憶的沸點

《華文現代詩》第 10 期，頁 161。　2016.08

英語歌唱比賽

猶記得
那天在台上
安捺不住的雙腿
自始至終
和喉嚨比賽著
抖動的頻率

記憶的畫面
就此暫止在那天
如果可以
play 鍵別太早
按下

《華文現代詩》第 12 期，頁 175。　2017.02

何渝薇作品

（沙鹿國中同學詩耕田地）

回　望

我們總企盼
以有限的生命
追求完美的境界
回顧往昔天空遼闊
不免偶有浮雲蔽日
但那是提醒我們
在造夢的途中
要飛得更謹慎
如此
則當我們翼翼
承托著夢想前行時
也能更從容地
享受沿途美景

《華文現代詩》第 11 期，頁 138。　2016.11

手　機

它的臉
像一泓深潭
使人不自覺沉浸
把問題拋向它
有時它給你即時的解答

但更多時候
我們迷失在它那
大得無邊無際的臉龐

《華文現代詩》第 10 期，頁 162。　2016.08

陳威帆作品

（台北市私立靜心國民小學六年級）

月　亮

暗夜中彎彎的月亮，
彷彿是一艘海盜船，
在永恆的宇宙，
尋找人類未知的寶藏。

星　星

夜幕低垂，
晦暗的寂靜唯見閃耀的滿天星斗，
指引流浪的人們找到出口，
默默守護萬物的安全。

太　陽

邪惡又殘酷的太陽，
把善良美麗的月亮、星星關進黑夜，
人們貴為統治者人們卻做他的奴隸，
只能靠著堅定意志，
搶救月亮和星星，
擊退炎熱，
創造和藹溫暖的世界。

《華文現代詩》第 14 期，頁 164。　2017.08

林宸緯作品

（新北市中和區秀山國小六年級）

手　機

手機很方便
卻暗藏危機
對人類來說
是可怕的毒品
因為都戒不掉

只顧低頭滑手機
死神會來找
不小心電池漏油
會像定時炸彈爆炸
難以逃出他的魔掌

萬里長城

長長的長城
看得最遠
因為看過漫漫歲月

長長的長城
知識最多
因為知道豐富故事

長長的長城
暗藏最多秘密
偉大無比難以洞悉

《華文現代詩》第 14 期，頁 165。　2016.08

胡佳芫作品

（新北市中和區秀山國小三年級）

鉛筆盒

鉛筆盒就像一包衛生紙
可以拿來拿去
很有趣
又像一個可愛的小娃娃
長得胖胖的
我好想抱抱它

太　陽

太陽就像一顆可以發光的圓球
真是太神奇了
從東邊踢到西邊
真是好玩啊

《華文現代詩》第 12 期，頁 173。　2017.02

春來了

春天來了
櫻花開了
像公主一樣美麗
像拉拉熊一樣可愛
蝴蝶飛舞著
大自然更美好

《華文現代詩》第 13 期，頁 162。　2017.05

胡佳珈作品

（新北市中和區秀山國小四年級）

月　亮

圓圓的月亮
像我的臉蛋一樣
散發暈紅在我的臉頰
讓人覺得我很可愛

手　機

手機是萬能的字典
隨時隨地都陪在我身邊
不管遭遇什麼困難
都會請它幫忙

手機又像好朋友
帶給我知識
帶來了溫暖
我很愛它
愛得長長久久

《華文現代詩》第 12 期，頁 173。　2017.02

康絃齊作品

（新北市永和區秀朗國小三年級）

春天舞會

櫻花探出頭來
在微風中搖擺身姿
小鳥在枝頭高歌
唱出美妙的歌聲
春天的舞會
正在暖陽下舉行呢

《華文現代詩》第 13 期，頁 162。 2017.05

太　陽　（時四年級）

太陽躍起
讓高溫的天氣出來玩
讓大地變得更炎熱
大家都快被烤焦了
等他們玩得疲憊不堪
才回家休息
還等待明天再出來遊玩

柺　杖

柺杖是老人的好朋友
讓他們不會跌倒
無時無刻陪伴
共度美好時光

《華文現代詩》第 14 期，頁 167。 2017.08

詹靚瑜作品

（新北市永和區秀朗國小三年級）

春　天

溫暖的陽光照射下來，
人們懶洋洋躺在草地，
一動也不動，
像慵懶的貓一樣。

春天的櫻開滿樹，
多麼鮮艷，
像張開了翅膀，
飛上了天，真美！

微風吹著，
眾櫻跳著美麗的舞，
向大地說：「我來了！」

《華文現代詩》第 13 期，頁 163。 2017.05

音樂課　（時四年級）

每當上音樂課時，
音符是我好朋友，
演奏美妙的歌曲，
讓我快樂無比。

太　陽

溫暖的太陽，
照亮我心房，
就像快樂的天使，
每天守護著我。

《華文現代詩》第 14 期，頁 169。 2017.08

陳欣妍作品

（台北市五常國小二年級）

春公主

春天是個快樂的小公主，
每當她一起床，
小花就出來揮手，
小草拍動著手臂，
風開心的跳舞，
小朋友歡喜的在公園玩耍，
小魚快樂的在水中游來游去！

小天使拍動著翅膀，
雲朵快樂的飄來飄去，
不管是誰，
只要一踩到春天的足跡，
小鳥又可以找到美麗的樹，
蝴蝶又可以穿上新的衣服，
大家都幸福的迎接春公主到來！

《華文現代詩》第13期，頁163。　2017.05

迎接春天

春天來了
小鳥飛來飛去
種子發芽了
太陽出來了
小朋友在操場上跑來跑去
快樂得忘記寒冷

晚上太陽公公下山了
月亮姐姐升起了
星星妹妹在歌唱
大家都說春天來了

《華文現代詩》第15期，頁169。　2017.11

張芷菱作品

（新北市中和區復興國小六年級）

天　空

雲在對我微笑
左飄飄右飄飄
飄到別的地方去
彷彿在跳舞
我想　他是否在找伴侶？

太　陽

太陽就像一個月餅
讓我想咬一口
但我想，會不會被燙傷？

月　亮

彎彎的月亮像香蕉
我想帶回家大快朵頤
但不知道吃的時候
會不會發光？

雨

天空烏雲密布
好像在對我說要下雨了
感覺天神很傷心
需要有人安慰

《華文現代詩》第 16 期，頁 172。　2018.02

陳昀希作品

（台北市私立靜心國民小學四年）

祈　願

祈願時間是魔法師，
將快樂的時光變長，
使悲傷情緒縮短，
讓世界成為充滿喜樂的天堂。

星　星

如果星星是一盞盞明燈，
寫功課時，
就可以照明。

《華文現代詩》第 14 期，頁 167。　2017.08

時　間

時間是個魔法師
快樂的時候
總是悄悄流逝
悲哀的時候
就徘徊不前

雨　傘

雨傘是個遮雨棚
只要下雨
就可以用來躲進去
安心的欣賞風景

《華文現代詩》第 16 期，頁 169。　2018.02

陳品博作品

（新北市永和區永和國小四年級）

大自然的果汁

太陽是柳橙

河裡的水是甘泉

椰子樹就是裝飾品

把它們倒在一起

變成了清涼的大自然果汁

讓豆娘們忍不住

舔了一口又一口

招來許多昆蟲也過來嚐一嚐

到底是什麼味道呢

花森林

百花是一座美麗的森林

它有甜蜜的氣氛

讓昆蟲們長大

動物有休息地

讓萬物再生

大地變得更美麗

需要有人安慰

《華文現代詩》第14期，頁169。　2017.08

董致輔作品

遠　方

在不知多遠的遠方

在不為人知的地方

有一個人正望著遠方

思考著有什麼在遠方

有一天，他出發向遠方

他一直向前，一直向前

直到有一天他回到了家

才知道自己的家就是遠方

寂　寞

一個人走在路上

看路上人來人往

他想我好寂寞

另一個人也走在路上

看路上人來人往

他想我不寂寞

他每見到一個陌生人

就跟他聊天

一天後

路上每個人都變成

他的朋友了

2013/9/20

《華文現代詩》第15期，頁153。　2017.11

詹喻婻作品

（新北市中和區復興小學四年級）

原子筆

原子筆像僕人
每天被我使喚來使喚去
他也是訂正錯誤的好幫手
因為每次考試都會用到

鏡　子

鏡子就像我的雙胞胎
我笑他就笑
我哭他就哭
我做什麼動作他就做
真是煩啊

月　亮

月亮有個微笑臉
每天在夜空
和看到她的每個人揮揮手

張姝睛作品

（新北市秀朗國小五年級）

山

山是大家的好朋友，
有時和白雲談著知心話，
和天空中的朋友們開心的玩耍，
有時把舌頭伸出來，
吃吃小魚和小蝦。

星　星

星星是夜空最閃耀的小姐，
在選美賽中得第一，
白天躲在家補化妝，
晚上出來走星光大道，
給了人們滿滿的期待。

雨

雨是一位愛哭鬼，
只要惹她生氣，
她就哭哭啼啼，
但生完氣，
又會笑瞇瞇地為人清涼降溫。

《華文現代詩》第16期，頁169。　2018.02

《華文現代詩》第18期，頁176。　2018.08

王松平作品

（新北市永和區永平國小五年級）　　　（時新北市永和區永平國小六年級）

鉛筆盒

鉛筆盒像恐怖的鯊魚
嘴裡塞進各種文具
肚子滿了就吐出來
每天都有新食物進來
讓牠很幸福
看似邪惡的牠
卻是人類的好幫手

太　陽

太陽像是一顆燈泡
努力的照亮大地
永不熄滅
早上開燈
夜晚關燈
讓世界更閃亮

雲

雲是流浪的魔術師
東變西變到處飄
把自己變成車子
在天空中行駛
偷闖紅綠燈
小鳥嚇得不敢飛
又變成棉花糖
大家一看就想吃
口水流不完

《華文現代詩》第16期，頁171。　2018.02　　　《華文現代詩》第18期，頁174。　2018.08

黎洛穎作品

（新北市永和區秀朗國小四年級）

弟　弟

弟弟是個破壞王

常常打破碗盤

一起床

就拳打腳踢

害我無法睡懶覺

真希望他不要再吵了

媽　蟻

螞蟻是個貪吃的小偷

只要食物擺在桌上

忽然就不見

原來全被牠搶走了

真是個大壞蛋

機器人

機器人是個好幫手

每天一早就做好早餐

讓我快樂去上學

也會幫忙做家事

真是完美無缺

《華文現代詩》第 18 期，頁 177。　2018.08

台客語詩統計與詩人作品

　　按 C 表，《華文現代詩》從創刊到二十期，台客語詩作發表有七十九位詩人。

凡在三期以上發表作品者，均入選本詩選集，有：葉日松、陳寧貴、邱一帆、莫渝、杜潘芳格、利玉芳、劉迅、黃碧清、張芳慈、莊源鎮、孤　鴻、Dumaz Masolili、陳美燕、蔡澤民、吳錡亮、楊子澗、曾大龍、夏風、古能豪、艾琳娜、黃徙、高　塔、陳建成、黃桂蘭、何柏榮、邱各容、葉莎。共二十七詩家。

《華文現代詩》創刊到二十期台客語詩作品統計表(C)

編號	詩人	期別 創	2	3	4	5	6	7	8	9	10	11	12	13	14	15	16	17	18	19	20	計
1	姐漾梅姬		1		1																	2
2	葉日松		1				1				1			1	1					1		6
3	陳寧貴		1	1	1	1	1	1	1	1	1	1	1	1			1	2	2	2	2	22
4	邱一帆		1			1		1	1		1		1			1			1	2	1	11
5	劉正偉		1						1													2
6	莫　渝		2	1		1	1	1														6
7	許其正		1	1																		2
8	黃恆秋			1																		1
9	杜潘芳格			1					1	4					1				1			8
10	利玉芳			1				1			1				1							4
11	劉　迅			1						1		4										6
12	阿張蘭石			1																		1
13	蘇　善			1																		1
14	鍾林英				1																	1
15	黃碧清				1	1	1	1	1	1	1	1	1	1		1	1	1	1	1	1	16
16	張芳慈				1					1			1		1							4
17	林沉默				1																	1
18	莊源鎮				1	1	1			1												4
19	孤　鴻				1	1	1	1	1		1	1	1	1			1	1	1			12
20	舞　漾				1																	1
21	Uyang-nomin				1																	1
22	Dumaz Masolili				1	1	1															3

編號	詩　人	期別																				計
		創	2	3	4	5	6	7	8	9	10	11	12	13	14	15	16	17	18	19	20	
23	鍾肇政					1																1
24	陳淑芳					1																1
25	陳美燕					1					1	1	1						1	1	1	7
26	蔡澤民					1	1				2			1		1						6
27	吳錡亮					1	1		1	1	1	2	1		1			1	1		1	12
28	楊子潤					1	1			1							1		2			7
29	宜　冠					1																1
30	羅秀玲					1																1
31	廖聖芳					1																1
32	陳春玉					1																1
33	曾大龍					1		1			1	1										4
34	方耀乾					1														1		2
35	夏　風						1	1			1		1				1					5
36	江　昀						1										1					2
37	左春香						1															1
38	官　愛						1		1													2
39	古能豪						1											2	1		2	6
40	蔡宜勳						1															1
41	范文芳								1													1
42	劉慧真								1													1
43	艾琳娜								1	1	4											6
44	黃　徙								2	2	1	3	2	2	1	1	2				2	19
45	王羅蜜多								1													1

編號	詩人	創	2	3	4	5	6	7	8	9	10	11	12	13	14	15	16	17	18	19	20	計
46	高　塔									2	2		1									5
47	Amy Chen									1												1
48	曾貴海										1	1										2
49	鍾鐵民											1				1						2
50	鄧榮坤											1								1		2
51	馬露·鐵木												1		1							2
52	KenItih												1									1
53	王興寶												1									1
54	陳建成												1		1					2		4
55	羅　浪													1								1
56	秀　琮													2								2
57	康詠琪													2								2
58	黃桂蘭													1	1		1	1				4
59	柯柏榮														1	1	1		1			4
60	邱各容														10	10	10	10		10		50
61	曾璽珈														1							1
62	齊世楠														1							1
63	夏　林																1				1	2
64	葉　莎																2	2	1			5
65	顏　瑾																1		1		1	3
66	曾耀德																	1				1
67	雅　子																	1		2	1	4
68	黃木擇																	1				1

編號	詩　人	期									別											計
		創	2	3	4	5	6	7	8	9	10	11	12	13	14	15	16	17	18	19	20	計
69	林　風																		1			1
70	羅思容																		1			1
71	林慶瑞																		1			1
72	NALOU																			1		1
73	陳潮信																			1	1	2
74	李東慶																			2		2
75	謝宗翰																			2	2	4
76	嬃　星																			1		1
77	吳添楷																			1		1
78	徐玉香																			1		1
79	張怡璇																			1		1

台客語詩統計與詩人作品

葉日松作品 (客語)

阿公个民謠

有一首民謠
無曲譜也毋使填詞
佢係阿公為我唱出个歌仔
從阿姆懷胎開始
就注入我个體內
流成一條河
豐饒生命个草原

多年以後
小調走音哩
老山歌也變奏哩
阿公還係企佇日落个方向
一唱再唱
唱到星雨紛紛飄落
唱到半夜出月光

暗晡夜我愛將最綿長个思念
一Email分阿公
請佢陪我重回嬰兒个時光
睡在佢溫柔个情懷肚
跈歌搖擺

《華文現代詩》第13期，頁153。

重遊淡水

海水本本係海水
月光本本係月光
沙灘本本係舊年个沙灘
風景本本係舊年个風景
沙灘上尋毋到舊年走過个腳跡
海上也看毋到舊年月光
聽講阿秀已經嫁人了
阿芳也去德國留學了
阿輝當選了立法委員
阿泉牯也做了大頭家
頭過共下遊寮淡水街頭个
該兜兄弟無信無息
毋知去到那位呂宋旮旯巴
總係自家還在台北打拚來過日
來到淡水看到船吧
就想到以前在大田寮个種種
看到月光就想起共下四年同窗
重遊淡水
沙灘上千千萬萬个腳跡
係帶我回想往事个路線
希望淡水个海風
暗晡夜陪我寫出心中
一起一落个潮水

《華文現代詩》第14期，頁155。

陳寧貴作品　　(客語)

<table>
<tr><td>

故 鄉

那位（那裡）有日頭
就有客家人
那位有土地
就有客家人

毋驚日頭烈
硬頸作遮仔（傘）
山歌作涼風
銅皮鐵骨作钁頭（鋤頭）

血汗日日種入土
一串一串金黃个禾穀
在客家人个笑容中
月月年年煞猛成長

客家人个子子孫孫
乜（也 mei）變成一頭一頭大樹
在到處著腳个位所
都安著 ── 故鄉

《華文現代詩》第 7 期，頁 129。

</td><td>

紅 塵

三更冬夜
一聲比寒流較冷个
燒肉粽！

突然鑽入我燒暖个被骨底背
發等个夢
蓋像分一盆水潑濕咧

這時節我醒來
又聽著該粗利聲音
像刀仔
一刀一刀將我切開

一下間
看毋著个血
流到一眠牀

《華文現代詩》第 8 期，頁 158。

</td></tr>
</table>

邱一帆作品　　(客語)

<table>
<tr><td>

時　菜

簡單毋使澎湃
翻瓜切好掛皮同佢清蒸
放兜仔鹽解出
番瓜个土味
乜流出番瓜个甜味

簡單毋使澎湃
現摘隔壁鄰舍个蕃薯葉
斷做一截一截个莖同葉
嫩 xib-xib 仔个口味
炒做一盤錫人个味緒

簡單毋使澎湃
竹筍有薑嫲做伴
就做得打轉原旦个味緒
爽口甘甜个清涼
問冰箱就會緊頷頭

簡單毋使澎湃
係驚無肉氣就來一鑊
豬肉墩雞卵
芳香个味緒
喊麼人毋會想

《華文現代詩》第 5 期，頁 131

</td><td>

睡在山肚个搖床頂

搞怪个風毋知哪時
化做千蛾萬蝶
跍等無時閒个葉仔
舞一路過來

在膚身面絮絮疏疏
帶等鬆爽个毛菇仔跳起
歡喜个舞蹈

毋知哪時搞怪个風
變做千泉萬水
跍等無時閒个葉仔
溜一路過來

在寒毛空溜上溜下
帶等快樂个心情唱起
樂暢个歌聲

搞怪个風，毋知哪時
偷偷仔
走入吾个夢鄉

《華文現代詩》第 7 期，頁 131。

</td></tr>
</table>

莫　渝作品　(台語)

水岸咖啡

一杯咖啡一陣風
微微ê風吹向水面
水上紋紋笑
親像天頂飄過ê白雲　同款輕爽

咖啡ê香味　咖啡座ê清閒
引來青年男女　過路ê母囝

大伙坐下來　開講　鬥嘴鼓
趣味ê代誌一打堆

有人恬恬坐
看風景　看過路人
嘛有人沉思
享受著清閒ê時段

微微ê風送出迷人ê香味
咖啡ê香味
將水岸攪滾出一場淡薄仔
香味ê河邊春夢

夜　雨

那一夜，雨落沒停
愈落愈大
愈落愈強
將暗暝 giú 落地
雨水變作 kui 股ê大水
猶戈現出嚇（驚）人ê兇惡面容

兇惡ê大水　無岸
四界走　四界 chông
踏平山嶺　衝破堤防
霸佔一切

雨，落 kui 暝
互咱看袂到天
天地早就已經相連
無一絲仔光
照明咱回去家己曆ê路

Kui 暝
雨神進行ê祭典
依戴著恐怖ê siáu 鬼殼
選擇咱ê庄頭
Kui 庄頭攏是伊看惬意ê供品

《華文現代詩》第 2 期，頁 124。

杜潘芳格作品　（客語）

道　路

留下語言
語言係道路
將道路留下來吧
無形跡个道路

開拓佢
用你个語言
將方向同世界

為該兜隨緊到來个
想了解這兜真相个人

用所有个力量向前推進
留下語言个道路吧

《華文現代詩》第 8 期，頁 157。

有光在該位个時節

在該位有光
看到光
黏皮〔立刻〕心就

歡喜快樂有希望

光　實在係好个東西
有光在該位个時節
有希望　有喜樂　有安慰
我愛做最先去點光个人
我因為愛點光
比麼儕都遽去
走上走下忙忙碌碌

聲　音

毋知哪時，
單淨自家使得聽到个細細聲音，
該聲音鎖兜綛-綛-綛。
跈該時開始，
語言尋毋到出路。
這下，孤使得等待新个聲音，
一日，又一日，
嚴肅忍耐等待下去。

《華文現代詩》第 9 期，頁 140。

利玉芳作品　　(客語)

嫁

耳環仔叮噹搖
在 ngai 介〔我的〕
耳公邊講出嫁介心情
隻隻金指　含著傳統介情愛
首扼仔落在我介左右手
一圈一圈都係祝福

阿爸送我三從四德
阿姑包分我一句話
喚我莫忘祖宗言
雖然蒙等一層濛濛介面紗
我也讀得出
這本沉長介禮數

新娘車背響起嚴肅介落聲
我會珍惜潑出去介這碗水
紙扇輕輕跌落地
阿姆撿起搖清涼
自言自語唸四句：
公婆相惜
早供倈倈〔早生貴子〕

《華文現代詩》第 3 期，頁 113

還福

正月迎春接福
祈求風調雨順國泰民安
收冬時節
達到願望也好
得著平安也好
求來季介福　愛還

毛筆將感恩介心
大大字寫到紅紙項
山川毓秀　草木皆春
貴客臨門　春光煥彩
大門口窗仔頂門簾項
宜室宜家　杜馥蘭香
禾埕尾穀倉貼一張五穀豐收
雞棲牛欄豬欄
　　貼一張六畜興旺

灶下傳來廚香百味
甜粄發粄龜粄三牲
借春天一托盤介福氣
收冬就愛做一棚戲
　　歸還大地

《華文現代詩》第 7 期，頁 131。

劉　迅作品　(台語)

菜園之歌

一

舉起鋤頭掘菜畦
掘阿掘
磕著石股噴火星
剁著蚯蚓痛究究
菜股成坵等阮栽

二

不知是雨還是汗
阮ㄟ腳脊背
像水流賣離
鼻尖嘛攔撮撮滴

三

阮ㄟ小菜園
種著雜種菜
厝邊講阮是聯合國
阮某笑我心大愛虛華

四

那是說到照顧菜
阮是比人更勤苦ㄟ

澆水拔草施肥攔捉蟲
親像自己的子孫
相熱驚伊曝死
相濕煩惱伊會爛去
有時半暝嘛來夢醒
保庇伊會一暝大一吋

五

挽菜ㄟ時到
就是阮心情激動ㄟ時候
看到滿藍ㄟ收成
攏是阮足大ㄟ安慰
嘛是全家伙同時感覺ㄟ
一種幸福

六

阮會繼續種阮ㄟ菜
唱阮ㄟ歌

2014/10/19 於三星/安農溪畔/隱廬南窗下

《華文現代詩》第 3 期，頁 114。

黃碧清作品　(客語)

子哀情

挾蘇挾米个微毛末節
搭搭跌在鑊頭肚煎煎炒炒
一盤酸甜苦澀个人生味緒
無閒泊杈个日仔，極樂仔捱捱轉
心事像蚊仔在頭拿頂蟲蟲飛
愰，在燒燒个馬膠路項跳上跌落
轉屋家，分心情㲒一下仔

㾆在阿姆个眠床脣
熟識个圓身香味停在鼻公頂
目珠皮緊來緊重，緊重
溫溫仔个燒暖輕輕仔在
頭那項挲來挲去
細時節个思念，轉到夢裡肚

耳公脣行過輕輕个嗽聲
毋係夢，係阿姆寫淰愛个一雙手
這雙手，捽拭我歸身个愁慮
這雙手，挲勻吾無安樂个心情
我心肝定疊咧

睡在阿姆彎彎个手臂
覆在阿姆軟軟个胸前

聽著阿姆輕輕个敨氣聲
擘開目
看著阿姆像月光色目个頭那毛
我忍毋核个目汁像雨線
阿姆，吾个寶

《華文現代詩》第9期，頁142。

茶菰泡

圓圓个水珠，圓圓个茶菰
在圓圓个肚尸項走上又走下
㩢圓圓个汗水逐遠遠
伸圓圓个茶菰泡，香馞馞仔

圓圓个茶菰泡，一粒㾆一粒
在頭那頂變一頂靚靚个皇冠
茶菰泡，滾滾碾
圓圓一條骹鍊掛在頸莖項

圓圓个茶菰泡，飛啊飛
圓圓个雞胲仔，飛上又飛下
飛入學校同小朋友走相逐
飛上天頂變成靚靚个天弓

圓圓个茶菰泡，圓滾滾
天頂个星仔瞇啊瞇
像姐婆个目珠，溫柔又慈祥

《華文現代詩》第18期，頁156。

張芳慈作品　　(客語)

迷迷迴到三光半夜

◎甜粄味

硬翹翹介甜粄
攝做籤
攤在禾埕方曬燥
食到八月半

逐擺過年
婦娘儕將自家
當作磨石
迷迷迴到三光半夜

甜粄介味緒
細細口緊食
阿姆介艱苦啊
映入做妹儕心肝肚
續無半屑甜味

◎下一站

再過一個磅空
再過一板鐵橋

過了街路
轉一個斡
遠遠介山城
木棉花正開

到唎
會到唎
空空缺缺介路
共樣愛向前

到唎
會到唎
目珠金金
早都看現現

下一站
故鄉介名
跈我介心肝肚
喊出來

《華文現代詩》第 4 期，頁 146。

莊源鎮作品　(台語)

夏日荷花

時間親像白鷺鷥輕輕飛過
驚惶了水黽泛起陣陣漣漪
六月的荷花含苞未開
親像依暗蓋的心思
在風中翻轉

蛙鳴蝶飛在蒸騰夏日午後
荷葉隨風擺舞
親像蛇的腰身
映照水影以媚惑以及沉醉
猶如霸王的虞姬踩著舞步
有荷花的清香
甲依身上散發出來
重重的香水氣味

遠方凝結的烏雲
親像依內心盛滿的秘密
那樣的深邃與鬱結
那是活結還是死結呢

我好奇想要伸手去解
但是有忐忑與驚惶
深怕會叫醒
下午的一場大雷雨嚕

蜻蜓點水親像達摩一葦過江
以輕柔以無聲水紋泛濫
但是我背負的心思重重
深怕涉入沉溺水中
我不是屈原

池水的倒影中
有我採攝荷花的面容

光影清晰閃閃
確又扭曲的有些陌生
我轉頭想要找草叢裡的
火金姑來照路
但是現在是日光不是暗眠

孤　鴻作品　　(台語)

深坑老街

我來到臺北城亓東南旁
踮四面是山亓所在倒成深坑

我亓頭殼
是早早成做地標亓茄苳樹
百年風風雨雨恬恬來忍受

我亓頭鬃
是隨風舞動著熱情亓枝箬 hioh
經歷滄桑世事猶是真健丟

我亓倒手
是快速運轉亓現代化公路
響亮得意亓喇叭聲
合奏出為著理想拍拚亓成就

我亓正手
是寬寬散步亓美麗景美溪
今只伸魚釣仔鉤起
以早船隻走相逐繁華亓模樣

我亓身軀
是許 hit 條有誠濟故事亓老街

來來去去亓儂客
為古典亓我注入浪漫亓血

我規千萬活跳跳亓意念
是家家戶戶亓蜀 tsi̍t 葩葩電火
紅紅亓鼓仔燈掛踮店頭前
每暗伴阮做好夢

我亓夢中
充滿了足特別亓感動亓滋味
豆腐家族滿街路溫暖亓芳
與 hōo 我連喘氣嘛解ē甜

我亓雙骹 kha
一直延伸到遠遠遠亓將來
沿途有山有水閣有儂亓景緻
是咱蜀步蜀步行出亓世界

　　註：這首詩以深坑老街為意象，把老街比作軀幹，把老街兩側的北深路和景美溪分別比作左手臂和右手臂。

《華文現代詩》第 5 期，頁 139。

Dumaz Masolili 作品

群　山

一山高過一山
太平洋中的綠色波浪
衝入雲端
也許再找不到
如此壯觀的風景

島嶼上的群山
看起來溫柔又安靜
其實也有強烈的個性
面對所有的攪吵和侵犯
架勢總是那麼堅定

像不受束縛的泰坦
勇敢對抗未來的黑暗
從天地創生到永久
無視時間和空間
超越歡樂和憂愁

島嶼上的群山
祖靈安息的地方
經過多少日出和黃昏
千萬年來保護安慰我們
半醉半清醒的遊魂

《華文現代詩》第 5 期，頁 130。

害　喜

山那麼高
海那麼深
颱風那麼大
地震那麼嚇人

一個島嶼懷孕了
她全身酸痛
雙腳水腫
看到食物就反胃

她夢見被蛇纏身
又夢見被猛虎追
解夢的說一大堆
可她的心還是放不開

我們在她的肚裡攪和
孿生子互相拳打腳踢
她又喜又憂
不敢提重，不敢拿剪刀
也不敢爬上爬下

她像一棵苦棟樹
紫色的花默默地香
雖然結子也許硬又苦
她知道未來有盼望

《華文現代詩》第 6 期，頁 142。

陳美燕作品　(客語)

人　生

人生像一間學校
逐儕就愛入學
有人讀日時頭，有人打夜學
各儕个科目都無共樣
有人讀得通，有人讀毋識
有人吂讀束就先畢業

人生像一齣戲上棚
逐儕愛從頭做到尾
有人做將帥，有人做兵卒
各儕个角色都無共樣
有人做得像，有人當生疏
有人吂做束就先下棚

人生也像一隻夢
有人發好夢無想愛醒
有人發惡夢著驚嚇醒
不管夢境係相像抑倒反
總係會醒

人生係一枋車
大家上上下下
想愛行遽兜，佢偏偏慢慢趖
想愛行慢兜，佢直直飆等去
有緣人共下坐，生份人各儕坐

先到个人先下車，有人坐較久
到站个時節正會知得
仰會恁遽？

《華文現代詩》第 10 期，頁 138。

阿姆唱山歌分偓聽

還細該下
阿姆唱山歌分偓聽
偓講愛聽
「毛毛他羅桑，毛毛他羅桑...」

較大咧
阿姆教偓唱山歌
偓講仰使學老古人？
又無摘茶，企在山崗頂

多歲咧
見擺聽著山歌就入文
仰般恁有味緒恁好聽

較老咧
喊阿姆唱山歌分偓聽
阿姆講你自家煞猛唱
偓無氣脈好牽聲

《華文現代詩》第 11 期，頁 157。

蔡澤民作品　(客語)

小塘藻仔

南風輕輕仔
吹過　毋起皺皮个水面
日頭絲倒轉　炙透吾背
如今看來　該個小小仔心願
該個隨波
搖搖擺擺个小小仔心願
驚怕成功个機會毋大
生來不著根个矮牯仔　敢怕
只能　看人面色　過日仔
從　溫柔仔南風
既經被晒到頭暈腦疼
哪位還記得　微微仔笑
阿叔婆還係當煞猛
把　塘水一瓢接一瓢
舀往　岸邊
只　暢到該兜等著个番鴨
嘎嘎仔喊
隔山打銅鑼　如何聽會著
與小魚驚驚忸忸个救命聲

風・你就愛順順仔飛

囉　當擔日頭盤過崎
大樹隨風咧嘮影
欲綴攏總由在你
只要　莫來相鎮行

囉　紅花滿山崙
白蝶　無處夢青春
風過時陣　抹紅脣
毋通顧咧看好戲　袂記得巡

囉　後山不比前山嬌
總是　暗暗等候誰
萬萬毋通留戀半路水
風啊你就愛　順順仔飛

《華文現代詩》第 10 期，頁 140。

吳錡亮作品 (台語)

甦生ê愛
—— 隨筆書寫小說簡要

對故事講起，自歲頭
寫到為你崁新娘網仔彼工
失憶嘛是思憶，用倒敘方式
換轉去號做時光ê物件

人生若是棋盤咧轉踅
起手越頭欲按怎成為大丈夫
夢內總是鹹酸苦洘ê味
細漢个記持，鼻頭無永遠溼澹

你ê原生家庭是一種半桶ê潘水
頭腦袋袂落有ê無ê文字
強強將你擲去資源做回收
佳哉！慧膽攏有勇氣之心

栽仔嘛愛用力壅肥
你寫實ê本性，淡薄仔是天生自然

等待彼工，荒埔嘛會開
一蕊閣一蕊月來香

備註：
潘水
音讀 phun-tsuí
釋義 1. 洗米後剩餘的水，呈乳白色，
可用來清潔或飼養家畜。
    2. 廚餘、餿水。因早期農家常
    將洗米剩餘的水與廚餘放
    在一起，所以也衍申指廚
    餘。

壅肥
音讀 ing puî
釋義 施肥。替植物灑放肥料。例：遮
的菜愛壅肥壅壅咧，才袂枯焦。
Tsia-ê tshài ài ìng puî ing-
ing--leh, tsiah bē koo-ta.
（這些菜需要施一施肥料，才不會枯
萎。）
註：這首詩以深坑老街為意象，把
老街比作軀幹，把老街兩側的北深路
和景美溪分別比作左手臂和右手臂。

《華文現代詩》第 18 期，頁 164。

楊子澗作品　(台語)

愛妳愛到假爾深

囡仔性妳主觀妳誠蕃妳沒講理
對阮大細聲對阮喝來攔喝去
妳知也無阮，妳活嘛無意義
妳嘛知也，阮會毋甘放妳去

毋知是安怎，愛妳愛到假爾深
是頂世人阮欠妳欠足濟
抑是後世人妳會欠阮的債
這世人，命中註定二人愛相揣

妳的目睭是二口井，出泉的井
眼神是頂世人哀怨的陷阱
這爾熟識這爾憂愁這爾啊嬌
目一睨害阮雄雄跋落古井底

妳的目睭是前世抑是萬底深坑
看起來這世人是阮欠妳卡濟
疼妳惜妳，阮的胸坎予妳偎靠
一生一世阮攏沒怨嗟沒後悔

註：知也 = 知道、知影。

烏陰天落雨暝

天黑陰　黑雲慢慢淡過來
淡加歸天爿　淡加地未清
風雲攏變色　狂風絞蟠龍
日頭覕　天地　顛倒反
世事擾擾紛紛

雨水倒　親像天頂崩一角
倒置老曆的身軀加曆尾頂
風聲哪咧嚎　雨水翼翼飛
眼睭迷濛　未來安怎攏未明

烏陰天落雨暝
等待
天
光

《華文現代詩》第18期，頁160。

曾大龍作品　(台語)

希望ㄟ種子　　　　信　念

風送一陣清香味　　　　　春風，黏著白雲
自由ㄟ花蕊飛天邊　　　　戀戀，一直走相藏
勇敢是磨練ㄟ意志　　　　遠方的船隻，逐著海湧
堅強是阮不變ㄟ名字　　　逐著夢
雖然無人通晟持
恁嘛毋免為阮煩惱睏未去　野蜂，貪著花香
白雲伴阮走相覓　　　　　纏著青春欉
天星陪阮度暗暝　　　　　將我的思念寄予月娘
飛過山崙啊，跨（ㄏㄚ）過水埳　天星，望 in 甲阮鬥相共
落土生根
淡落希望ㄟ種子　　　　　這美麗的世界
大地做阮ㄟ護衛　　　　　本來就是這迷人
生生世世　　　　　　　　相信，小小的意念
偎置恁身邊　　　　　　　總有一工
乎恁力量，乎恁勇氣　　　付出佮堅持
　　　　　　　　　　　　會帶來滿滿的愛佮希望

《華文現代詩》第6期，頁149。　《華文現代詩》第8期，頁162。

夏　風作品

醉是青山間

山風起，情飛揚
長髮隨雲天上飄

風如酒，山微醺
嘹喨歌聲徹雲霄

花遍野，開滿春天
我心萬紫千紅
情也酩酊
醉是青山間

山風起，情在飄
飄向有你的地方
飄向愛情的故鄉

《華文現代詩》第 8 期，頁 156。

射　日

邪惡顛狂的烈日
不分晝夜
搶走我們的土地
搶走我們的歌聲
還想
搶走我們子子孫孫的生命

我們不能再等待下去
我們宣誓不分晝夜的
率領子孫，翻山越嶺
追尋烈日的　蹤跡

最後千千萬萬憤怒的箭
直奔雲霄，向烈日
討回我們的土地
討回我們的歌聲
討回我們
子子孫孫心靈深處
永永遠遠
嚮往的美麗山河

＊ 本詩據原住民泰雅族傳說故事寫成

《華文現代詩》第 11 期，頁 155。

古能豪作品　　(台語)

阿　桃

書讀的越多
阿爹的皺紋越多
弟妹該讀的
書尚未讀完。阿爹的臉
有密密麻麻的
繩，纏繞我心
阿桃喃喃低語
上班上班去吧
〈阿桃在夜燈下
朗朗的聲音
像一把火燒曆
燒在阿爹心中
火是希望
她是讀書的孩子〉
〈像曆後的旗后山
阿爹的背好高
好高，只可仰望而不可及
是您保護了二十年的
心，必須長期的休息
她決定走出阿爹的心
走向冷氣的廠房〉
現代化的加工出口區
一個在火中出浴的女工
名叫阿桃

《華文現代詩》第 7 期，頁 133。

新春思爹親

彼一工阮行佇轉去的路上
阮攏認為阿爸甲卡早仝款行佇後壁
佇青紅燈路口阮雄雄越頭
遮發現阿爸無去啊
遮知影這个越頭
已經是三十三冬前的代誌

年歲愈濟著愈思念阿爸
想著這世人陪佇阿爸身邊的時間有偌濟
想袂起這世人佮阿爸講過偌濟話
毋捌想過阿爸這世人需要的是啥物
想無這世人阮送過阿爸啥物物件
阮這世人對阿爸干焦賭無法度還的虧欠

阿爸的形影逐工攏出現佇阮的面前
想起坐佇床邊惦惦看冊的阿爸
想起阿爸瘴呴發作的時陣家己注射
想起阮最後陪阿爸去配的目鏡猶未用過
想起阿爸過身的時陣最後流落來的目屎
永遠佇阮內心滾絞

每想起一擺阿爸阮著後悔一擺
哪會毋捌焄阿爸四界行行
哪會毋知影阿爸內心的向望
如今阮嘛已經六十四
阮這馬甲阿爸仝款惦惦坐佇膨椅看冊
越頭，親像看著阿爸對阮微微仔笑

（2018.2.9 阿爸做忌的日子）

《華文現代詩》第 17 期，頁 163。

艾琳娜作品　(客語)

花樹下

白淨个花親像你个身影
清甜个花香係你敨出个氣味
花樹下還有你企腳个印跡
跌落个花蕊望有人雙手承起
樹下，圓箍出同心圓
層層疊疊个，係你係 ngai

石牯面刻等麼人个愛情路
樹無死，石無爛
山頂有風山坑有水
山路年年生新苔
樹頂舊花換新葉，還戀戀等
一儕人種出一頭相思
拈起一蕊寫出對你个思念
寄託東風，送分你花樹下个思念

《華文現代詩》第 8 期，頁 160。

難得老身—掛紙

挨過寒露食過冬節
難得這身老皮囊
八九十還係爺娘子
掛紙一年正一擺
一年無行兩年難再
相見猶似牛郎摎織女
恁憨兄弟無想長
今日毋來哪時來
過恧今朝愛等來年
一年容易又一年
風中个蠟燭啊　又驚怕
黃泥面頂年年花開
共姓有人
但不見舊人在

* 本詩據原住民泰雅族傳說故事寫成

《華文現代詩》第 9 期，頁 142。

黃　徙作品　(台語)

油

第一擺看著油的真面目
伊佇大鼎咧滾絞
目睭仔就嗶嗶啵啵
一定是鼎底咧創啥
好奇心掀開鼎蓋
火大啦！
一寡油隨噴出鼎外
佮火走相逐
親像豬哥起痟搭豬母
我共淋水
袂活啦！油煞攬著火
閣共水押牢牢
翻頭放咧
講若是欲救人質
三官大帝嘛袂空喙哺舌
猴死囡仔！食無三把蔬菜
就欲上西天
掠猴？

　　——本詩記〈滅頂〉未成的感慨！

鹽

趴佇平地
無日頭嘛金熠熠
爬上山頂
無落雪亦白皙皙(siak4)
來到古井看著家己
明明有鋩有角
光線照著嘛是七彩色
是按怎無人叫你鑽石
你無生跤按怎地球走透透
無生目睭按怎知影
好額人嫌傷鹹
散赤人嫌你傷重
一布袋換無三占錢
一粒田螺九碗湯
按呢過三頓---我是你
莫閣出世踮海邊
人咧喙水袂去想著你

高　塔作品　(台語)

可　靠

四片壁無半片好靠
你叫是，查某人好作
一腳踏入恁兜
想講，甘蔗寄佇厝角
這聲，甜頭甜尾
唉呀，拄著你這個笨腳笨手
土跤的水
天捧去，滾金邊的雲
有啦，花，伊嘛知影沃
上眠床，有步盡出
你慢慢來，免趕
只是醒來，柴屐蹺規工
顧袂飽灶的腹肚
噢，換規粒？你這擺較猛
轉掉拉吉歐的哭調
一兩若濟？才情若衛生紙
母免遐濟，這大張
添寡，減作幾個
猶是你可靠，龍山寺邊騎樓
彼支柱仔的壁

熱　天

阿母的胭脂共芳粉
花苞的面頂，小可歪，淡薄厚
少年蜂仔呵嘮嬌，誰笑嬈
相招看戲，這幾工大日子

前頭鼓，二頭鑼，閣有鼓吹達達滴
台腳，一輪一輪花籃
才扮仙，人頭蟯蟯是
海甲阿頭，黑緞銀充邊

皮鞋擦得金爍爍
緣投仔桑，有才氣
樹蟬，山歌唱袂恬
位無熟識，唱介相合意

黑紗外衫無內裏
看甲目睭叩叩眨，鼻血唒唒滴
搖阿搖
這不是春天，是熱天

《華文現代詩》第 10 期，頁 141。

陳建成作品　（台語）

食薰的老人

伊一向恬恬食薰
坐佇查某孫的紅茶店門口
目睭微微
看街頭車輛來來去去
時間一向恬恬經過
輕手
描出深幽彎幹的皺紋
佮一蕊一蕊素素
標註年閣的老人斑

伊時常拍薰相請
挽留熟似的人客
坐落來作伙吞雲吐霧
聽伊哪想哪講
抽出頭殼內點點滴滴
將近一世紀的生活記事
感覺會出來
伊細漢替阿公看牛
猶攔是前幾日的代誌

飄搖的薰煙
恍惚的歲月
萬般世事
一時間無輕無重

原鄉西拉雅

原鄉的月光
像夢彼一般的茫渺
幽微無聲
輕罩山跤的刺桐
.

我的血脈
佮清氣的溪流相黏
轉踅佇美麗的山谷
犯勢岸邊
有一隻梅花鹿
知影我的心意
.

祭壺
靜靜徛立原野
尪姨
用牽曲追訴回憶
風傳來
祖靈溫柔的安慰

黃桂蘭作品　(台語)

失落的人

害了了á
佇夢中
烏暗的街路蹉來蹉去
攏揣無家己的故鄉

害了了á
我的故鄉，親像一隻船
停佇海中央，揣無方向
連一粒星都無

害了了á
故鄉的人攏袂曉講母語
無根的人á
底時才會曉悟á

歲　月

1
今仔日，罩雺
霧霧未清
葉仔，無聲無息
對水流去

2
對下晝開始
伊，倚壁，噴雨
薰
一支過一支

3
彼欉桃仔花
一陣清芳吹過來
乎我想起彼當時
阮的單純
一个人ê下晝
看著這杯茶
攏已經冷去矣

柯柏榮作品 (台語)

目 屎

1.
窗仔外冷風 sngh-sngh
吹會入跤仔手的毛管空
吹袂入加冷損閣滾絞的向望
2.
冷 對風佮湧的鉿縫
撫過思念的墘仔
拍碎一粒拄滑落的目屎
3.
情絲捘斷了後
歲月瘦落去
眼淚肥起來
4.
一个眼神的距離
一仙幹身的背影
吊一滴血獅獅的目屎
5.
何必苦毒思念？
欲哭 揣無目屎輾落
毋哭 手機仔小可翹翹的喙角
為按怎 漸漸起濛霧
6.
酒精數想撨焦悲傷
撨會焦殘破的記持
撨袂焦碎糊糊的目屎
7.
老路燈稀微的燈火

慢佇孤單的肩胛頭
掩面的指頭仔縫
射出二逝虛虛的反光
8.
一寡悲傷
Hőng 踏佇塗跤
毋捌看伊咧哼
無細膩攑跤
目屎就崩落
9.
共幹身的背影
擲入酒精內
提煉出來的悲
連哭攏免啥激力
10.
天予散赤罩一重暗
一逝熾焰飛出
穿飄撇
發狂笑
切開暗
切斷蔫去的淚腺
切斷勾去的感情線

註 1. sngh-sngh：擬風聲。
  2. 加冷損：因冷而顫抖。
  3. 向(ǹg)望：希望；盼望。
  4. 鉿縫(kap-phāng)：夾縫。
  5. 撫(hu)：撫摸。
  6. 墘仔(kînn-á)：邊緣。
《華文現代詩》第 16 期，頁 162。

邱各容作品

台灣俳句十首

之一 開懷

笑顏舞春風
無所從來無所終
暢快水流東

之二 無悔

之命之所為
既無怨來亦無悔
勇直喚不回

之三 有容

水窮波無痕
海匯百川納為本
乃大好滌塵

之四 出塵

笑看人間事
是非曲直東流逝
和來得與失

之五 無言

深沉的吶喊
高牆橫阻終無感
豈止是悲慘

之六 有緣

緣分無長久
起滅深淺若水流
隨緣莫強求

之七 苦衷

黃蓮苦中苦
無以言表真痛楚
唯有向天吐

之八 明月

知過夜色奔
一輪明月照君心
虔誠圖更新

之九 樂天

心花開又開
無憂無愁樂自來
安命掃陰霾

之十 和諧

情韻補琴聲
山高水長知音逢
心領意會通

《華文現代詩》第 14 期，頁 161。

葉　莎作品　(客語)

今晡日愛賣細豬仔

該捉豬子个矮牯仔攌等雞啼聲
來个時節，歸條小路仔還吂睡醒
阿姆一盤菜脯卵堵堵煎好
從灶下香到廳下

廳下，阿爸坐等食煙
一陣渺渺茫茫，一陣愁
愁慮細人仔就要繳學費

人講啊，人怕三見面，樹驚彈墨線
該矮牯仔日日天吂光人就到
存个麼个心？
嘴唸阿彌陀，手擎尖尾刀
大秤入細秤出
連門前个老黑狗也搖頭

庭院外背苦楝樹吂結仔
豬欄裡肚一條豬麻十條子
阿爸彈一下煙灰，透一口氣
唉，今晡日無奈何愛賣細豬子

光陰細語

蟬阿姆盡好坐在花園裡肚
風將佢个頭那毛梳兜像細旗子
毋是風盡大个日子
也有飄動个聲音

現下細木門分麼儕打開來
佢回頭看到落葉
飄在石椅攌日頭對坐
歸隻下晝都係光陰个細語
《華文現代詩》第16期，頁157。

春天个河面

有人爆破舊年
舊年就變成一陣煙
新年係春天个河面

水竇浮起來恁多笑聲
該係啾啾滾个鳥仔一聲
一聲在該位泅水
老屋仔快樂翻轉自家
打開窗門分水流落來

盡多年過後再過講起春天
我毋記得自家曾經係旅客
旅客毋記得行過个水聲
《華文現代詩》第17期，頁156。

盲胞與身障詩人作品

　　這些弱勢詩人作品甚少，從創刊號開始到第十二期止，如 D 表有：廖燦誠、蘇榮華、鞠佩菁、沈柏鴻、凝雨、林旻儀、佳娣袁、若飛、李美花、若飛的風、廖 易、邱建程、蔡松栓。共十三詩家，全部入選。

《華文現代詩》創刊到二十期盲胞、身障者詩創作統計 (D)

編號	詩人	期別																				計
		創	2	3	4	5	6	7	8	9	10	11	12	13	14	15	16	17	18	19	20	
1	廖燦誠	1	1	1																		3
2	蘇榮華	1		1																		2
3	鞠佩菁	1	2																			3
4	沈柏鴻	1	3																			4
5	凝雨	1	2																			3
6	林旻儀	1			1																	2
7	佳娣袁	1	3																			4
8	若飛	1	1																			2
9	李美花	1																				1
10	若飛的風			1	3	1	3															8
11	廖易				1		1		1	1	1		1									6
12	邱建程											2										2
13	蔡松栓												1									1
14																						
15																						
16																						
17																						
18																						
19																						
20																						

盲胞身障詩人作品

廖燦誠作品

十字架的淚海

從等待彌賽亞的光芒中消退
十字架是何等的不堪啊！
只為了企盼世界和平
為何至今仍戰火不熄？

門徒聽不懂我的言語
說什麼我原本就是上帝
置我父的顏面於何地？
以馬內利非我個人專屬
賜下聖靈是我不得已
因為他們不知道上帝的靈原本與生俱來就與我們每個人同在

淚海啊，淚海！
我原本奉父的差遣是為贖我在亞當那時所犯的罪
你們用三位一體造神是天大的錯
否定我父上帝的獨尊更是錯中錯

回歸以馬內利還原真象吧！
別再說什麼三位一體
我的父仍然在掌權
別抬高我的名超過我的父
誰來洗清我的罪呢？
淚海啊！淚海！

《華文現代詩》第 2 期，頁 124。

廖燦誠作品

太極生盲者之歌
─ 與東南社大樂齡學員金瓜寮溪一日遊

車輪滾滾飛馳

在山路迴轉

巧遇雲層翻浪美景

有人驚奇尖叫

在一陣嘻笑及獵影聲中

宛如回到童年情境。

車子繼續前行

載滿一車子的潺潺聲和流水

就為了製作茶染

雖有人講解示範卻圍成慌亂一團

重點在完成染布

我抓住創作唯心製作三星伴月

在師友幫忙下完成了作品

真是三千年的等待啊！

午餐後品茗茶藝

大夥兒相繼乘原車離去

我們一行四人走叉路至石碇停車

後步行古道來到一條溪

漫步於溪上的吊橋

彷彿凌空在萬丈深淵之中

當觸摸到刻著石碇的地標時

算是漫遊一圈回到停車處

上了車直駛捷運站各自返家

難得忙裏偷閒

人來到山邊便是仙

感謝能與東南社大樂齡學員同遊

也永難忘懷開車兼導覽的義工

特作此記遊詩

蘇榮華作品

秋　盡

為何秋眉緊繫　只因多情不已

精誠緣殘缺憾　淒迷情長相許

西月霜灑孤齋　純潔憐愛

落紅飄零悵懷　春泥安排

放眼臘梅盛開　風吹江暖花海

晨光如卿和藹　明媚笑靨長在

《華文現代詩》創刊號，頁 115。

自然與我的對話

風雖無體，卻不斷的搖動樹葉榕鬚，展現了無限的飄逸。

午後雷雨，震動了天地，躲避不及，把人打得像是落湯雞。

晨光和煦，一片亮麗，照得大家心曠神怡。

新月剛起，默默含蓄，教人寫下動人的詩句。

繁星密密，引領仰觀天體，宇宙浩瀚無比。

夜深涼意，風花雪月，悲歡合離，感受到片刻的孤寂。

《華文現代詩》第 3 期，頁 132。

鞠佩菁作品

口　罩

像一幅百摺的屏風，
毫不留情地，
阻隔了通往另一個世界的道路。
順著同樣的方向看去，
只見屏風後頭，
依稀隆起。
沒有人知道，
在這白色的布幔之後，
隱藏了多少未知的秘密。
你無法伸手敲門，
因為門裡沒有回應。
你用友善的鑰匙將門打開，
但裡頭的人，
卻若無其事。
你向他們打聽些什麼，
他們也只用沈默來回答你。
然，直到有一天，
這扇門會因著一位特殊的訪客的光臨，
再度開啟。

註解：此詩寫於 Sars 流行期間，當時每個人臉上都帶著口罩。因此我便用這首詩，來襯
　　　出人心隔肚皮的一面。然而就因為這樣，許多的友誼也因此而被錯過了。

《華文現代詩》創刊號，頁 116。

鞠佩菁作品

鏡　子

當它用透明的眼睛，注視你時，

你便可在它的身上，找到自己的縮影。

因為，你將所有的一切，毫不保留的透露予它，

因此，你也會知道以前從來未知的秘密。

如今，它已伴你度過無數寒暑，

但確未曾對你做出正面攻擊。

只用友善的光，

默默的照亮著你。

讓你擺脫過去的黑夜，

迎向美好的晨曦。

每時每刻，

總不忘記，

對你叮嚀。

註解：此詩做於 14-15 歲時，由於當時自己正處於國中階段。因為不愛讀書，導致被班上許多同學排擠。縱然如此，仍有幾個同學默默關心我，故在這種情況之下寫了此詩。把每個人，尤其是朋友當作一面面的鏡子。

《華文現代詩》第 2 期，頁 136。

沈柏鴻作品

千年相思

千年前，我已為妳溫了一壺酒
等妳與我共飲這世間的歡愁
千年後，妳卻悄然的走過
如此佳釀而今與誰能共
千年前，是一場美麗的錯誤
千年後，是否也是錯誤的相逢
光陰的洪流，千年的等候
宛如一場，甜蜜而又蕭瑟的幻夢
在風中，在雨中
妳是否曾呼喚我
願在，一縷清煙過後
為妳，編織出最美最美的夢
願在，雨過天晴的午後
化成一棵相思樹
長在妳必經的路旁
在陽光下慎重的開滿了花
朵朵都是我千年前的盼望
直到那個時候，請妳千萬啊！千萬
別無視的走過
傾聽我那一聲聲、一句句的述說

夜的守候

曾懷念，妳手掌心傳來的溫柔
彷彿能，溫暖我一切一切的夢
如果說，愛是永無止境的等候
如果妳，真的一去不回頭
　　請讓我，
化為天穹裡那顆最明亮的　星辰
能夠，夜夜守候在妳的左右

聽啊！那琴聲悠悠
是何人在月下彈奏
一切的一切，總有終了的時候
我只盼望那，輕輕的一握
而當我，當我劃過天際的剎那
請妳，微微的、微微的轉身回頭
逝去的夢，是否是否
能夠重新擁有

凝　雨作品

不說話（自閉兒的心聲）

我不說話，我就是不說話
就算你拿皮鞭打我
就算你把我關進廁所
我不說話，我還是不說話
隔壁的阿花叫我啞巴
對面的阿達叫我傻瓜
我不說話，我還是不說話
爸爸問我要什麼
媽媽問我想什麼
我不說話，我就是不說話

我不喜歡跟姊姊跳舞
我不喜歡跟哥哥玩耍
我只喜歡待在自己的想像世界裡
我不喜歡說話
我只喜歡拿筆畫畫
畫出我的喜悅與憤怒
畫出我的快樂與悲傷
我不是不會說話　只是不知該如何表達
所以　請不要用歧視的眼光看我
請不要用冷漠的態度對我
請用你的愛和耐心來將我心中
的冰雪溶化

《華文現代詩》創刊號，頁118。

孤　雁

我是一隻孤雁
獨自在空中飛翔
沒有同伴和朋友
只有高山　和海洋
孤獨是我的姓
寂寞是我的名
我是一隻孤雁

風

你說：要來
我把窗兒打開，讓風吹進來
你是風，也愛風
爸不准我再去妳那兒
嗯！知道了
走到窗前，關上窗
以為風已不在
回眸之際才發覺
原來風早已
　　悄然進駐心房

《華文現代詩》第2期，頁141。

林旻儀（小熊）作品

車輪餅的滋味

那圓圓有內容的餅兒
是我的最愛
尤其那脆脆爽爽的外皮
讓我愛不釋手
總是先吃內餡再吃外皮
而我愛的口味是芋頭
地瓜或雙餡
抑或無內餡只以麵粉填充餅心的
這幾樣是我愛吃的口味
那齒頰留香令我百吃不厭
它的滋味可媲美夏天吃冰的好滋味

常言道好東西要跟好朋友分享
這我認同
而我更願意以另一句話來詮釋
好滋味要與全世界的好人分享
這樣的好滋味已將漸漸流逝了
只因為他是傳統美食
也因為它耗工耗時
又因年輕人不做，總是見到老人
在早市或黃昏市場擺著路邊攤子兜售
或許在其他外地縣市還有不少家
但在我居住的鄉下裡已不若以往常見了
我會永遠的懷念與更加珍惜這樣的好滋味
並願他們能夠有下一代願意繼續經營
而使這傳統滋味能在小小的鄉下小都市裡
繼續留存下來

《華文現代詩》創刊號，頁 119－120。

第二雙小手

你是我的甜心
你是我的陽光
水和空氣
你是我家在我之後出生
唯一的男孩
你的出生伴我陪我
從你的陰影讓我看透
我的生命如向日葵

你是我家第二雙小手
溫暖我 寶貝我
我也回報與你

你的這雙手
讓我無意中想起
某部小說中
那位雕塑家
作品為「手」
的獨創傑作
那五雙充滿生命力的手
這樣的回響
讓我也滿足於你那雙充滿溫度的小手
又讓我有如聽到溫嵐的歌「手印」
讓我腦海環繞音符時
也一併想起你雙手的溫暖

《華文現代詩》第 4 期，頁 158。

佳娣袁作品

心之遠行

期盼　深沉而隱諱
在月下高處那刻
奇蹟現身
坐擁　那拔升而行的力量
城市　　鄉間
平原　　山巔
廣袤的蘭陽
峰的指引　　波的韻律
那潔白迷離的舞台之上
舞動吧　屬於我們的喜悅之舞
瞬息　越過了天界　躍向無垠的宇宙
遺忘起點　　沒有終點
追隨的
來回於我幻想世界的永恆淨土
瑰麗　靜寂　隨心所欲的立體畫布
明滅在夢的境處

　　　　《華文現代詩》創刊號，頁 121。

蒲公英

飄零的思緒　　流浪的心
沒有方向感的旅程，是否真實需要
一個指引。

也許開始想尋找
尋找
在這遼闊的宇宙是否有這樣一處角落
漫遊　風中的顫抖
疑惑　何以最美的姿態開荅？

恐懼召喚

可敬的相遇
握手吧！恐懼。
在那　　在這
沒有保留
擬我　自一彰顯著
激戰　華麗上演
真實　深不可測地
力量　無盡蔓延
我聽見
那呼喚著的
是我的真名

　　　　《華文現代詩》第 2 期，頁 141。

若　飛作品

春風來過台北

春風不知從哪裡吹起，
飄過我不忍卸下的冬衣，

白天拍不開穿梭於台北街頭公共汽
車的窗玻璃，
夜晚熄不動絢爛七彩的霓虹。
含苞待放的花蕊在哪裡？
何處留春棲息？

溼淋淋的捲入灰白灰白的雲裡，
滴瀝瀝，滴瀝瀝，
化作除草機刀下噴出的綠血滴，
塞了我一鼻子的草腥氣，
叫我不忍打個噴嚏，
延長這台北春風來過的記憶。

《華文現代詩》創刊號，頁122。

瞪眼～無效

要來撞我的人
別瞪眼
瞪紅了，瞪腫了
我沒看見
你要撞就別瞪眼
盲人的手杖總是贏

朋友，
別叫這魯莽的腳步不留情
十步、五步外
我已戰挺挺

你趕的及
沒帶眼
我有路要趕
不長眼
感覺障礙一出現腳就停
哪知路旁或路中間

朋友，別告訴我狀我的人
瞪紅了眼
十步、五步外
我的身子戰挺挺
趕急的眼睛在口袋
盲人的眼睛在天外

《華文現代詩》第2期，頁135

李美花作品

心　曲

夜茫茫　風淒淒
陣陣冷透我心底
叫我多少明月夜
舉頭空望愁依依
烏鴉尋偶聲亂啼
疑是代我訴別離
知心人在何隅
歸期有無重相聚

秋已深　天已寒
又是落葉枯枝殘
回憶往事倍辛酸
孤心悲泣淚亦乾
往日的故鄉
優美的海灘
多少離合與悲歡
要忘記也難
如今只得空戚嘆
只為時光不復返

憶昔時逢艷陽天
雙影徘徊在此邊
綠葉遍遍出水面
紅蓮朵朵展歡顏
和風拂面不覺曉

細語傷心亦悄然
世亂紛飛相思苦
歲月蹉跎在湖天

淚已乾　緣亦盡
寒風起　燕分飛
昔日幾度共明月
如今樓空欲語誰
此別迢迢天邊遠
重逢除非夢相見
舉頭遙望路漫漫
內心無比淚漣漣
此後異地相思苦
唯托浮雲助君安

青山綠水已非故
舊情縈懷無止休
明月映松滿幽徑
清泉環石匯溪流
春曉伴同勤牧放
良宵共度撲螢遊
故人常別今何在
寒風蕭蕭使人愁

《華文現代詩》
　創刊號，頁123。

蔡松栓作品

打　烊

喝完這奈米黃湯
任颱風來襲
走瀝青鋪的路
搖搖晃晃

揮
手
招
呼
小黃
乘著回巢

《華文現代詩》
　第12期，頁149。

若飛的風作品

光就在我裏面

從胎教開始生命在環境中學習並成長每個人都有歡樂童年
提早覺知學習的重要孔子十五歲志於學孟子明白天降大任的奧妙

習慣是否很難改變是認知的問題學會判斷
養成獨立思考的能力學思並用過度被保護的孩子
被剝奪了學習與發展的潛能在不斷的超越與前進中創造有意義的人生

一連串的挫折是歷練還不夠認知可以改變困頓
學習不必是痛苦的何不當成遊戲學如順水行舟也是一種智慧

處在眾人的讚美聲中知道還能更完美處在被批評裏
堅信仍然有優點人一但被讚美自信心就增強了
會朝著被讚美的方向發展真心的讚美人是天大的美德

同樣是學習耶穌有兩種選擇接受發光體
你只能是陰光讚美並認識那更大的造物主
你才可能和耶穌一樣是發光體

順著天賦的才能處在黑暗之中發現光就在我裏面
靠著聽覺與觸覺用心看在點點滴滴的積累中
將傳統書法引進到現代來並邁向前衛藝術
在書法與西畫合併中加入音樂的元素是我生命和喜樂的泉源

若飛的風作品

果　實

七月，
太陽的熱
就不放過泥土的血
印在他頭上的葡萄架
已不可供給乘涼
不行灌溉的園主
祈求著！
「一句詛咒，一串葡萄
一串葡萄，給一口滋潤」

季　節

只是季節
秋風是收割的手
再高的樹
也留不住一片青春的綠
無須感懷
時間已是十一月
不能在棉襖裡
享受七月下午的西北雨
風只會更尖更急
你只能在厚重的衣服裡
迎更強的風
看更枯的樹！

站　牌

一聲尖銳的氣笛，
從東北方的鐵橋
刺向這沈睡的站牌
（五堵～汐止 1.2 公里）
兩排飢餓的鐵尺
狼吞著
兩條工形的鋼鐵
為的是上頭的那一列長鐵箱裡
有急欲歸鄉的遊子
有滿腹雄心的浪子
都在趕著夜路
氣笛聲遠了。
目的地進了。
站牌又睡了。
旅人卻醒了。

《華文現代詩》第 6 期，頁 166。

廖 易作品

太極生廖燦誠盲者之歌
── 一顆顆閃亮的心靈彗星都是三千年的等待

書畫同源分流發展　長江與黃河各自奔流三千年　至今已注入到海
與滾浪潮水共舞著　殷墟甲骨埋藏地底約兩千九百年
出土只為了文字起源於象形嗎

又過了一世紀　對現代書藝的影響如虎添翼　偶然而巧妙的東西合璧
千禧年遇到了庚辰龍　一顆神奇而閃亮的心靈彗星出現了
才知道是經歷三十個世紀的等候　看啊
庚辰千禧龍是每隔三千年巡禮地球繞太陽一周的心靈彗星

不知它下次再來的時候　人類還在嗎　閃亮的書畫同體
耀眼的文心龍啊　乍看是畫作　其實有文字的內涵在裏面

它飛舞在心靈裏　也舞動在外太空中　它不只是黑白
也能是彩色　它不只是平面　也可以是立體　它不只是靜態
更可以是動態

有時它以抽象呈現　偶而也會顯現實體　千變萬化　不受任何限制
人類新藝術殿堂的豐盛　一顆顆心靈彗星都是三千年的等待

起初的發現只是一小步　站在人類巨人的肩膀上
望向那一個個冒出的宇宙心靈彗星　在過去三千年和未來三千年之間
把握當下創造了心靈宇宙的神話　　為人類文化開創當代藝術新頁
是書法新道　也是藝術新道

廖　易作品

十字架與蝴蝶

蝴蝶被抓　被釘　做成標本　默無聲息

耶穌被抓　受審　被釘在十字架上　是沉默的羔羊

誰知竟出現了十字架上的蝴蝶　耶穌幻化成蝴蝶　這是絢爛多彩的

畫面　何以人總以為有了共識就能造神欺天

新約記載　耶穌被釘死在十字架上　三天後復活　與門徒在一起約

四十天

最後仍免不了升天　他的肉體當然是死亡　或消失　或躲藏？

耶穌的被抓　說是猶大背叛　因為猶大擁抱他　讓兵丁抓走他

猶大最愛老師了　一個像耶穌身分不明的替身　真的被猶大欺騙並

出賣　說神會救他

神怎麼不來救我呢？　　原本就昏昏沉沉的他　因劇痛而清醒高聲

呼喊　神啊為何離棄我！

這是一齣荒謬劇　痛苦變成了喜樂與平安　世人都在歡度聖誕節

幕緩緩落下　　　　　　　　　　　《華文現代詩》第 10 期，頁 164。

地球啊你休息吧

地球啊

你的自轉太辛苦了

你又要繞著太陽

週而復始的轉個不停

該歇息了

從此以後這世界會怎樣呢

人類不用再擔心

溫室效應的問題

金融海嘯的問題

藝術家們所創作的藝術無價終歸

是一場空夢

人類總體巨人成長的腳步

他所創造的人類文明

靜靜等待外星人的探訪與考古

《華文現代詩》第 12 期，頁 149。

邱建程同學(肢障)詩作品

誤 愛

親愛的雨啊
能不能將我的呼吸
流經她的鞋底
試著讓她感到溫暖
記憶體能尋找到片段
雷鳴與光似縱似隱
扭轉成巨芭在撼動著誰
與當時一樣的場景
失憶了或心
而今如是
就在那橋數來第三根電桿
眼神不再是熟悉
耳環至此也早鏽斷
照片上的容顏
如地震撕開的裂谷
但若不過是宇宙間的塵埃
隨居在烏雲飄散而下
下至凡塵而吸進
唇與唇之誤

觀 雨

雨聲提醒了我
你多善變
屋簷流下是細細涓流
卻不時在路中橫行
在禪寺，是意
沙漠變甘霖
不時的挑弄雨傘
使它不斷閃躲
留下點點殘淚
在每個頂上，上妝
一點紅，一撮紫
在潮悶，綻開朵朵
在野，市中，光景各異
而只有那灘污水
從遠古至今，都是

多麼專一

《華文現代詩》第 11 期，頁 154。

編者按：邱建程，從小右腳不靈活。小學時，有人學他走路，父母很難過，他反過來安慰家人：「不要緊！」

目前就讀高中，五育表現優異，他的樂觀進取，令人感佩。

收到他的新詩作品，提醒了《華文現代詩》特闢專欄，誠摯邀請社會上、校園中身體或有障礙，心靈卻無限美好的朋友們，一起來讀詩賞詩，進而寫詩，讓詩歌來圓滿世上一切的缺憾。

歡迎身障朋友踴躍投稿，共同來耕耘這塊園地。謝謝大家！

附件：《華文現代詩》創刊到二十期散文詩統計表

編號	詩　人	期										別										
		創	2	3	4	5	6	7	8	9	10	11	12	13	14	15	16	17	18	19	20	計
1	靈　歌	2	2																			4
2	鍾理和																1					1
3	金　筑	1	1																			2
4	曾美霞	2	1	1			1	1		1	1							1				9
5	林錫嘉	3	3	3	3	3	3	3	3	3	3	3	3	3	3	3	3	3				51
6	琹　涵		3	3		3	2	1														12
7	許其正		1		1			3							1							6
8	大　來		1	1																		2
9	安　雅		1																			1
10	鄭雅文		2							1				1								4
11	落　蒂			4																		4
12	艾琳娜			1																		1
13	王宗仁			1																		1
14	游鍫良			1								1		1	1							4
15	曾尚尉			1								2		1								4
16	林妙昇			1	1		1			1												4
17	徐如林				1	1				1	1											4
18	官　愛				1	1	2		2	1	1	1			1		2					12
19	陳春玉			1																		1
20	知　秋					1	1															2
21	賴麗雲					1																1
22	莫　渝						1															1
23	莫一波						2															2

編號	詩 人	期																別				計
		創	2	3	4	5	6	7	8	9	10	11	12	13	14	15	16	17	18	19	20	計
24	高潤清							1														1
25	瑀 璇							1		1												2
26	書 荻							1	4			5										10
27	魯道夫							1														1
28	張 靜						2	2	1	1	2	1	2	2								13
29	瞿秀蘭								1													1
30	魯 蛟									2												2
31	黃亞洲									6	4											10
32	劉 迅										1	1		1			3					6
33	小 荷											3	3	1	2	2		1				12
34	栞 川											1										1
35	聶 青											3										3
36	陳寧貴											1				1						2
37	姜 華												1									1
38	向 明													2								2
39	北 城													1								1
40	蘭觀生													2		1	1					4
41	麥 清														2							2
42	墨 雨															1			1			2
43	孤 鴻																	1				1
44	葉怡成																	1				1
45	丁 口																	1				1

增訂《華文現代詩》21到24期現代詩創作統計表

編號	詩人	期別				編號	詩人	期別			
		21	22	23	24			21	22	3	24
1	謝情	2	4	4	2	22	周駿安	1			
2	王士敬	1	1	1		23	白楊	1			
3	林百齡	1	1			24	冷霜緋	1	1	1	1
4	慧行瞱	1				25	林益民	1			
5	語凡	1				26	黃士洲	2	3	3	3
6	朱名慧	1				27	成孝華	3	3		1
7	溫存凱	3	4	3	3	28	郭佩鈞	1			
8	帥麗	1			1	29	扈嘉仁	1			
9	梁傑	1				30	張綺彣	1			
10	安垣	1		1		31	葉日松	1			
11	鄭亦芩	1				32	岩上	1			
12	林浪子	1				33	朵思	1			
13	小荷	3	2	2	2	34	劉迅	2	1	1	1
14	白澤	1				35	向明	12	4	2	2
15	林劭頡	8	3	2	4	36	廖俊穆	1			
16	顏曉曉	3	2	11	2	37	方群	6	2	6	5
17	胡同	1			4	38	麥穗	2		1	1
18	孫經瑜	1				39	莫渝	5	7	7	7
19	許哲偉	3	1	1	5	40	陳寧貴	4	2	1	3
20	微塵	1				41	許其正	2	2	1	2
21	邱逸華	1	2			42	劉正偉	4	1	4	3

編號	詩　人	期　　別				編號	詩　　人	期　　別			
		21	22	23	24			21	22	3	24
43	林錫嘉	5	5	5	5	66	陳威宏	1	2	2	
44	涂靜怡	1	1	1	1	67	林　鳳	1			
45	曾美霞	1	1	1		68	黃桂蘭	1		1	1
46	陳福成	1	9	1	9	69	謝振宗	2	1	3	5
47	浪　花	1				70	思　岩	2	2	2	2
48	金　筑	1		2	2	71	彥一狐	1			
49	林明理	2	2	2	3	72	劉曼紅	1	1	1	
50	楊佳蓉	2	2	2	2	73	謝美智	3	2		3
51	徐世澤	2				74	李立柏	1	1		1
52	胡爾泰	1	2		1	75	林家淇	1	1	1	2
53	許水富	1	2			76	王俐媛	2		2	1
54	黃漢龍	1	1	1	1	77	暮　云	1	1		
55	落　蒂	1	2	2	2	78	呂振嘉	1		10	10
56	子　青	6	2	3	3	79	王錫賢	1		2	1
57	文　林	2				80	吳菀菱	1	1	1	5
58	劉金雄	2	1	1		81	chamonix lin	3	2	4	1
59	高潤清	2	1	1	1	82	蘭觀生	4	4	4	3
60	黃　關	3				83	季　珠	2	1		2
61	游鍫良	1	1	1	4	84	狼　跋	2	2	1	1
62	易　如	2	2			85	思　語	1			
63	林柏維	4	4	2	5	86	吳仲文	4			
64	台　客	2	2		1	87	王姿涵	3	3	3	1
65	胡淑娟	3	2	3	4	88	徐夢陽	1	2	1	1

編號	詩　人	期　　別				編號	詩　人	期　　別			
		21	22	23	24			21	22	3	24
89	邱建誌	1				112	高　塔		2		
90	李黎茗	1	2	1	2	113	趙　化		1		
91	趙翠英	1	1			114	丹　萱		2	1	1
92	曾耀德	1				115	徐慶東		5		
93	應風雁	4		1		116	西園郎		1	1	
94	程志森	1				117	王　輝		1		
95	林念慈	1				118	張遠謀		2	1	
96	林義正	10	8	18	30	119	黃碧清		1		
97	李瘦馬	2	2	2		120	葉　莎		3	6	
98	吳昌崙	2	2		2	121	李宗舜		4	4	1
99	高　原	2				122	雅　子		2		
100	歐陽學謙	2				123	寒　林		1	1	1
101	洪錦坤	2	2			124	楊子澗		3	2	3
102	邱各容	2	1	16	8	125	莫　遺		4		
103	魯　蛟		2			126	唐燕萍		2		
104	周伯乃		10	4		127	如　果		1		
105	黃文範		1			128	楊昭勳		2		
106	高　準		1			129	齊世楠		1		
107	楊鴻銘		2	5	1	130	李莉莉		1		
108	紀州人		1			131	秋　雨		1	2	3
109	黃木擇		1			132	葉怡成		3		
110	樵　客		7	3	4	133	謝宗翰		3	2	2
111	謝雙發		2			134	陽　荷		1		

編號	詩　人	期　　　別				編號	詩　人	期　　　別			
		21	22	23	24			21	22	3	24
135	秀　琮		1	1		158	彭燕郊			3	
136	犀　晰		1			159	丁　點			3	
137	劉鳴子		1			160	瑀　璇			1	
138	椠　川		5			161	雨　弦			1	
139	項美靜		4	1	1	162	余崇生			3	
140	陳　煌		5			163	葉欣榮			2	2
141	林興華		4	3	1	164	賴秀俞			2	
142	林朝聰		2			165	黃廣興			1	
143	丁　口		1			166	寒　川			2	
144	齡　樏		2		2	167	賴文誠			2	1
145	林錦成		2	2		168	司馬千			2	2
146	蔡家宇		2			169	綠　喵			1	
147	莊立旋		4			170	陳培通			2	2
148	陳俐婷		3			171	袁丞修			2	
149	練子嘉		4			172	撒比娜			1	
150	蕭湘蓉		3			173	呂建春			1	1
151	巫宜庭		3			174	藍　心			2	2
152	葉映孜		3			175	林育民			1	
153	王靜涵		3			176	趙孜衛			1	1
154	紀靜薇		3			177	蔡彤緯			2	1
155	周夢蝶			1		178	采　言			1	1
156	蓉　子			1		179	Qorgios			1	
157	羅　門			1		180	明　月			2	1

編號	詩　人	期　　別				編號	詩　　人	期　　別			
		21	22	23	24			21	22	3	24
181	鄭如絜			1	1	204	梵　谷				1
182	冷　絕			2		205	胡雅玲				2
183	楊貴珠			1	2	206	涓　涓				1
184	陳春玉			1		207	王顯輝				1
185	寒青			1		208	蔡全惟				1
186	彭莊			1	1	209	楊采菲				1
187	吳承明			4		210	高孜蕎				2
188	周世杰			10		211	古　晟				1
189	穆木天				7	212	穆仙弦				2
190	王獨清				3	213	吳添楷				2
191	洛　夫				1	214	Alana Hana				2
192	余光中				1	215	趙紹球				2
193	白　萩				1	216	陳意榕				2
194	正　軒				1	217	陳群洲				2
195	紀小樣				2	218	張沐興				2
196	墨　雨				3	219	甘建華				2
197	若小曼				1	220	任東華				2
198	歐陽暉				1	221	賓　歌				2
199	陳去非				2	222	獨孤長沙				2
200	王英明				1	223	陳益群				2
201	吳品臻				1	224	法卡山				2
202	黃惠敏				1	225	呂宗林				2
203	孫志滔				2	226	唐娟				2

編號	詩　人	期　　別				編號	詩　人	期　　別			
		21	22	23	24			21	22	3	24
227	也　人				2						
228	尹朝暉				2						
229	夏　夏				2						
230	楚狂人				2						
231	尹利民				2						
232	楊　震				2						
233	邱紅燕				2						
234	楓　子				2						
235	資若銘				2						
236	黃敬榮				2						
237	曉　曉				10						
238	王樂群				10						
239	蔡獻英				10						
240	傅　蓮				10						
241	詹明憲				5						

增訂《華文現代詩》21到24期少數民族語詩統計表

編號	詩　人	期　別				編號	詩　人	期　別			
		21	22	23	24			21	22	3	24
1	夏　海	1	1			22	亦　心			1	1
2	陳美燕	2	3	2	1	23	曾貴海			1	
3	黃碧清	1	2	3		24	鄭如絜			1	1
4	徐玉香	1				25	袖　子			1	
5	吳添楷	1				26	夏　林				1
6	楊雲起	2		1	1	27	江　昀				1
7	黃　徙	2	1	2	1	28	利玉芳				1
8	謝宗翰	1	1	1	2	29	Alana Hana				1
9	雅　子	1	1	1		30	陳意榕				1
10	顏　瑾	2	2	2	2	23	曾貴海		1		
11	楊正雄	2									
12	古能豪	1		1							
13	葉　莎		2								
14	邱一帆		2	1	1						
15	杜潘芳格		1								
16	楊昭勳		3	1							
17	李東慶		1								
18	林榮淑		1	1	1						
19	謝振宗			1							
20	葉日松			2	1						
21	陳潮信			1							

增訂《華文現代詩》21到24期童詩、青少年詩統計表

編號	詩　人	期別				編號	詩　人	期別			
		21	22	23	24			21	22	3	24
1	李婕安	2				22	柳善皓				3
2	蔡育棠	2				23	王玥人				3
3	黃昱嘉	2				24	龔喧愉				3
4	許珈菱	2				25	黃堅鈞				2
5	陳禹臻	2				26	寶苡瑄				2
6	何睦翔	1				27	林維倫				1
7	李恬萱	2				28	賴承皞				2
8	李育蓁	2				29	江昱嫻				3
9	詹覬瑜	1				30	張博勛				2
10	曾昱豪	2									
11	莊子微	1									
12	黎洛穎	3			2						
13	施羽宣	2									
14	陳冠言	3									
15	林樂亭				1						
16	卓宸冊				1						
17	李韋霓				2						
18	范雅喬				2						
19	李韋翰				3						
20	梁桓碩				2						
21	陳俞蓁				1